随教随想录

中学生「写作成长」教学设计
系列化研究团队论文集

孟琰玲　主编

上海三联书店

依据中学生心理发展构建系列化写作教学设计的实践研究报告（代序）

孟琰玲

一、项目提出的缘由

（一）基于写作教学的现实

1. 当前中学作文教学中存在着过分追求功利的模式化倾向。教师在中（高）考作文的指挥棒下，形成了单一题型、套题作文、模式作文的大演练。许多教师往往把中学六年的作文教学变成了"只为写好中（高）考一篇作文"的教学、将一篇作文如何套用成无数篇作文的教学、将一个模式应用到任何作文的教学。因此不少学生过分追求夺人眼球的标题与结构的巧妙，追求语言的华丽，而对于文章的思想内容、内在的逻辑关系、思维深度等却又比较忽视。然而仅仅对学生进行语言的训练或作文技法的训练是远远不够的，培养学生的写作能力要从关注学生的个体特征入手，养成学生的思考习惯和培养学生的思维能力，从而推动学生写作向个性化、多元化的道路健康发展。

2. 当前中学作文教学中存在着教师教学的随意化现象。不少教师在当年高考作文的题型指挥下，选取大量类似的作文题对学生训练。一旦等下一年的作文题型出现变化，又马上调转方向，进行教学内容的大转换；至于教学过程中的作文命题则经常偶然性地来源于某一本书上的一段话、某一张考卷上一道经典的作文题或者和同事间的某一次无意谈话。在繁重的教学任务背后,教师较少去思考每次作文之间的关系,却常常责怪学生作文的雷同、无趣、肤浅。显然改变这种缺乏条理性、整体性和科学性的作文教学课程安排显得尤为急迫。

3. 中学语文教学中的作文教学设计较多呈现碎片化特征。以沪教版中学语文教材为例,将作文内容板块和阅读板块相比,前者内容相对单薄,也不成体系,如果完全依靠教师个体根据本校学生的特点与写作的现状予以充实,难度较大。从这个角度来说,写作教学系统设计不是可有可无的,它既能体现教师在作文教学中的整体构想和具体操作,而且对于学生写作的有序推进、学生作文能力的全面提高是非常有帮助的。

(二) 基于教师和学生的教和学的心理

1. 不少学生在写作准备中的心理内驱力明显不足,需要激发写作欲。

作文是一项复杂的心理活动,一篇作文实质上就是学生思维、情感、想象、动机、兴趣、能力等心理综合活动的产物,因而学生的写作心理对作文质量的优劣具有不容忽视的巨大影响。教师要切实提高学生整体的写作水平,就必须掌握不同年龄、不同学年、不同写作水平的学生的心理特征,因势利导,激发他们的写作兴趣,并针对学生在写作中出现的心理问题采取一定的措施,培养学生良好的写作心理,从而提高学生的写作能力。刘勰在《文心雕龙》中说为文要求"从容率情,优柔适会",才能灵感勃兴,文思泉涌。因此,激发学生写作的最佳心态,学生就会有极大的能动性和极强的写作欲。

2. 学生写作过程中的畏难情绪影响学生写作水平的持续提高。

生活是写作的源泉，许多喜欢写作的学生大多勤于动笔、勤于思考。但是也有不少学生对自己的要求不高，平时懒于动笔，对老师写作的要求常抱有"应付"态度和"混过去"的想法，有得过且过的心理。课堂上的表现也是懒于发言，更多地依赖于他人的智慧火花，再源于他们对生活的感悟与捕捉能力的欠缺，积累素材的与意识与能力欠缺，他们在写作上存在的畏难情绪就会更加严重，如此就进入了恶性循环的过程。

因此，教师如果能够依据学生的心理和认知来调整组织教学，以一定的培养序列进行素材的挖掘，培养学生对生活的敏感，有助于实现学生对写作信心的提高。

3. 作文教学中教师过多关注自我的现象，忽视学生的写作认知。

较多教师在作文教学中有"掌控"的欲望，认为依据自己的写作经验和写作教学策略能够让学生获得学习经验，从而转化为学习能力，体现为作文水平的提升。但是很少将写作教学的整个规划与学生的综合成长建立必要的联系，这就往往事倍功半，收效甚微。因此以学生的认知和心理为关注重点，从而确定中学阶段六年的写作规划，将有助于学生将写作当作是一件能够展现自我，让自己获得快乐和幸福的事情。

二、国内外研究现状

（一）系统化进行作文教学设计已成为共识。

当前国内作文教学系列化研究的几种情况：

3

依据学生写作过程中的写作技巧予以系统化教学。比如王林发的《中学作文教学设计方案40例》，书中从基本的作文写作技巧谈起，由审题、立意、选材、构思和表达的教学技巧到命题作文、话题作文、材料作文、创新作文和实用作文的教学策略，层层递进。

有依据学生写作过程涉及的几种重要能力来进行系统设计。比如管建刚在《我的作文训练系统》一书中用自己的教学经历讲述学生的感受力、思考力、描写力、建构力和打磨力是怎样炼成的。

也有将阅读教学和作文教学紧密结合进行系统设计。比如广州市第三中学的何晓敏的"以写带读"系列写作活动设计，实现模块教学，延长写作时间和写作过程，以写作命题为核心，引导学生进行海量阅读，从一次阅读、二次阅读延伸至N次阅读，从而实现增加学生课外阅读量、促进学生"读写结合"的终极目标。

（二）从学生心理角度出发进行系列化作文教学设计的实践相对还较少。

依据吴立岗《中小学作文训练序列方法浅析》中，将国内外中小学作文序列归纳为六种基本类型：知识技能型、心理能力型、写作能力型、语言交际功能型、科技联系型、训练途径型。华东师范大学课程与教学系王友军的《写作教学序列的重建迫不及待》将目前作文教学的几种序列归纳为：语言文字知识技能训练体系、思维能力训练体系、思想修养培育系统、写作过程训练体系、文体训练体系，我们团队的研究比较注重以第二和第四种训练来进行。很多语文教师对于写作教学的研究越来越重视,理论较多,角度也丰富,但是突出学生本位的完整的中学六年写作教学设计较少。

三、项目概述

(一)概念的界定

"中学生'写作成长'"中的"成长"包含两层意思。既指中学生写作心理和认知结构不断发展、连续构造的过程,每一个阶段都是前一阶段的延伸。也指中学生的写作水平在中学阶段逐渐摆脱稚嫩、走向成熟的过程,具体而言,就是写作能力不断提高、写作兴趣不断提升、写作素养不断完善的过程。

心理因素包括动机、兴趣、情感、思维等,写作心理是指从事写作活动时表现出来的个性心理特征。从中学生写作实际来看,涵盖写作的积累阶段和运用阶段。从宏观上讲,写作心理属于一个写作理念问题,是研究心理学和写作学有机结合的边缘科学,将会推动写作教学的人文化、人性化发展。从微观上讲,它是对传统作文教学法的突破,是一种合乎学生心理发展的写作教学方法,属于写作教学的方法论范畴。而我们的实践研究正是在符合学生的心理发展轨迹的前提下按照他们的认知结构来组织和设计教学,把学生写作的学习过程与心理认知成长过程融为一体。

(二)理论基础

皮亚杰等专家的儿童心理发展理论认为儿童发展的每一个阶段中,都具有独特的认知结构;儿童认知结构的发展是一个连续构造的过程;儿童认知结构的每一个阶段都是前一阶段的延伸。教育要按照儿童的认知结构(智慧结构)来组织教材,调整教法。以下是皮亚杰将儿童从出生后到 15 岁智力的发展划分的阶段：

美国人格学家默里（Murray, H. A.）提出人的 28 种需求之一，即知的需求（need for under-standing），指凡事好问，对新奇事物非常有兴趣，喜欢探讨问题，爱好钻研抽象理论知识。美国人本主义心理学家马斯洛的需要模式中一个心理需要或成长需要的高级层次，指个体在基本需要满足后产生的认知需要，即人具有解决疑难和理解问题的欲望，探索各种事物的需求。认知需要对人满足低级需要，特别是最高级的自我实现需要都是必需的。一旦认知需要受阻，人不但难以有所作为，而且会处于变态心理状态，失去健康幸福和人生价值。

这些理论都启示我们：要研究学生，研究学生的心理发展状态，着手进行与学生心理需求相契合的作文教学设计，有针对性地进行教学训练，激发学生的写作兴趣，端正学生的写作动机，学生的写作水平、写作积极性也会慢慢提高。

（三）研究目标

1. 构建和谐、平衡的语文写作教学格局。

语文写作教学日益呈现出一派生机勃勃的崭新面貌，然而也有不少教师面对层出不穷的教育新理念感到无所适从,出现了一些与教学改革失衡的令人尴尬的现象。在中学写作教学中,失衡状态之一表现为:语文教师经常难以将阅读教学和写作教学进行合理的统筹安排,对作文教学的教学路径比较模糊不清,听凭学生作文水平的自然发展。失衡状态之二为:过分追求考场应试作文的训练,模式化的痕迹太浓。写作教学中追求教学平衡、实现学生和谐发展,向语文教学的本质回归,这是推进语文教学改革、关注全体学生长期发展的当务之急。

2. 树立正确的作文教学观,提高作文教学效益。

传统作文教学把学生写作看作是应试手段,专注于让学生按照一定的模式写"八股文",得"高分数"。大量的机械训练和僵化的教学模式,已使作文教学陷于套用某种模式或范文的境地。因此作文教学必须转变观念,树立起正确的作文教学观、生活观、人文观、民主观和发展观,从提高素质的高度来改进作文教学,这是提高作文教学效益的前提。

3. 完善语文写作教学评价标准,关注学生写作学习质量的有效提高。

《语文课程标准》倡导"自主、合作、探究"的开放的学习理念,因此,作文教学的评价体系与之相适应,同样应该是开放的、多元的,面对不同的学生、不同的教师、不同的教学过程都应该有灵活多变的评价标准,应该从以往偏重学习成绩的质量标准转向体现综合性的评价标准:如既衡量学生的写作成绩,又衡量学生创新思维等高层次思维能力与写作成绩的均衡度、学生身心健康、品德行为等非智力因素;体现归因性:既衡量学生的写作水平,又衡量影响学生写作质量的各种因素,如学生自信心、写作动机等;体现社会性:不仅着眼于学生写作自身的因素,还衡量师生关系、家庭经济社会背景等与学生写作质量的相关度；体现发展性：反映学生写作质量及其影响因素的变化等。

4. 优化作文教学与提高学生写作质量的循环，造就两者双向目标达成。

叶圣陶说过："生活到处是教育，整个社会是生活的场所，即教育之场所"。学生对于生活认识的提高，有助于他们在写作中的真情、深刻表达，反之，作文能力的提高也会有助于学生学习及生活质量的提高，这两者双向目标的达成，可以促进学生整体素质的和谐发展。作为语文教师，要正确引导学生去体验生活、感受生活，去探究、思考，去表达、收获，从而有效提高作文教学的效果，并为提高学生的生活质量打好基础。

（四）项目研究内容

1. 中学生写作问题聚焦研究

中学生在写作过程中，造成常见写作问题（缺乏兴趣、形式单一、思维肤浅、习惯不良等）的原因何在，这是语文教师在教学中首先要解决的问题，因此聚焦于这些问题的原因剖析，将有效实现教学的有效性和针对性。

2. 作文教学策略的优化丰富

不少语文语文教师在对学生进行写作教学时，方法比较单一，致使学生对写作持有厌烦情绪，影响了教学的效果。所以在项目研究中，针对系统进行教学设计的安排时，可以重点落实写作教学策略的丰富。比如创设写作情境的策略、拓展构思维度的策略、有效修改的策略等，从而使学生对写作拥有持续的兴趣。

3. 正确的作文教学观的树立及实践

树立正确的作文教学观，减少作文教学中对中学生的束缚，需要一系列的理论和实践方法指导。如以提高学生素质为目标,大胆放手让学生尝试自行作文;引导学生积极投身于校园内外的生活海洋,观察生活,积累写作素材;指导学生读课文、优秀作文,学会从读学写,汲取有用部分;采取多种方式激发学生写作兴趣并在教学中积极认同学生作文;针对不同的学生能力,因材施教,分层次教学;训练学生修改作文的能力;肯定和激励学生进行作文等,这些将在系统化的作文教学中有所体现。

4. 学生写作质量的影响因素研究

研究影响学生写作质量的诸多因素,而不是只用写作成绩来衡量学生的发展。研究学生写作动力指数、写作负担指数、师生关系指数、教师教学方式指数、学生社会经济背景对写作的影响指数等,由果溯因,由因定法,从而提高学生写作质量。

5. 促进学生"写作成长"的系列化教学设计实践研究

教师根据本校学生的特点与写作的现状,制定完整的写作课程与写作计划。写作课程能体现出教师在作文教学中的整体构想和具体操作,有固定的课时安排,至于教学内容的编排则既可以选取现成的作文教材进行修订和组合,也可以自编教材。写作计划应包括各种作文文体(即包括记叙文、议论文、说明文和各种应用类文章)的教学计划和针对各种类型作文题的教学计划(即包括命题作文、半命题作文,材料作文、话题作文等)。语文教师将这些计划围绕学生心理和写作的双向成长而定,将作文教学逐步推进。

四、研究方法和研究过程

总体思路:沿着调查、学习、假设、求证、回顾、反思、归纳与总结的思路展开研究。

（一）2014 年 4 月—2014 年 10 月

1. 对当前中学语文写作教学中的现状进行调查、分析、聚焦问题，确立研究方向。

我们通过如何设计调查问卷、调查问卷内容的研讨、调查问卷的整合与确定、学生做问卷调查、调查数据大致分析、写作调查分析报告、调查分析报告交流等一系列活动，越来越明确学生在写作过程中出现的障碍与困难，而设计调查问卷的过程，实际是成员之间统一思想、研究学生写作问题、反思自身写作教学的过程。

2. 形成"中学生'写作成长'教学设计系列化实践研究"方案。

我们将学生的问卷进行了统计、归类、分析，注意到在学生的写作中动机的激发、情感的参与、意志力的强弱、性格特点的表现都值得重视。结合调查数据分析研究，我们更科学理性地思考研究方案，丰富作文教学策略，比如写作动机激发、增强写作自信、序列写作、合作作文、丰富写作方式和文体等有效策略。在方案的基础上，抓住核心问题，进行下一步有效研究。

（二）2014 年 11 月—2016 年 12 月

1. 学习、阅读相关著作，丰富理论与实践积淀；

团队成员学习、阅读了大量的包括心理学、教育学和作文教学法等方面的相关著作，丰富理论与实践积淀；比如王荣生的《写作教学教什么》、章熊、张彬福、王本华的《中学生言语技能训练》、章熊的《中国当代写作与阅读测试》、马正平的《高等写作思维训练教程》、《中学写作教学新思维》、[美]纳塔莉·戈德堡著,韩良亿译的《再活一次——用写作来调心》等著作,同时结合当前作文教学实践,力求在研究过程中体现作文教学改革的前瞻性和作文教学策略的可操作性和实用性。

2.分解研究内容,确立各阶段研究重点;

我们认为当前学生作文存在的主要问题是:肤浅作文、封闭作文、模式作文,教师在教学中存在的主要问题是无序作文教学和模式化教学,因此团队内部分成几个研究模块——个性作文、思想作文、交际作文、序列作文。我们以四大板块为研究内容,开始分工编写中学作文教学设计,完成作文教学设计目录、教学内容的确立和初一至高三七年的中学生写作教学设计初稿,将中学写作教学内容进一步统整,有序安排中学阶段的作文教学,以此实现学生作文有规划的成长。

3.运用行动研究法,探讨实施写作教学的系列化设计策略后对学生写作质量的影响及改变、并对实践结果进行分析、调整;

我们在团队成员所在学校依照教学设计初稿实施作文系列教学,抓住课堂实践的主阵地研究学生写作质量的变化,孙凤老师开设了公开课《心理描写教学设计——等待篇》、申玲娣老师开设了公开课《主题教学——人与自然》作为范例,让成员深刻体悟到全盘考虑作文教学的重要性。

4.运用实验研究法,进行阶段性归因分析,检验理论假设,指导具体操作从而实现研究目标。

在前期成员们实验反馈的基础上,逐渐完善教学设计的编写,在编写过程中,强调学生写作的切身体验,教师教学的改进落实。团队教师明确问题解决策略,再设计、再实施、反思、改进,在探索中切实提高团队成员的实践与提升能力。

（三）2017 年 1 月—2017 年 6 月

1. 运用行动研究法,形成典型案例,撰写反思型教学案例。

2. 形成最终研究成果。最终成果形式:项目研究报告、论文集、教学设计集、调查报告集。

五、研究成果

（一）完成了《让写作与心灵一起枝繁叶茂——中学生"写作成长"教学设计系列集》一书。较系统地呈现了中学七年的写作教学内容的框架。从"学会观察,眼中 有物"开始到"重在体验,心中有情"、"提炼思想,言之有理"、"积极创作,言之有新",目标有一定的序列性,凸显了初中生成长这一心路历程。高中三年目标定位为"自我意识与体悟人生"、"抽象逻辑与评判社会"和"辩证思维与追求境界"三个层级。每一学年分为两个学期,每个学期包含 2 到 4 个单元。七学年共有 38 个单元 113 个教学设计,每一个教学设计中除了包含必要的教学目标、教学重难点、教学过程以外,我们还提出

高三:辩证思维　追求境界
高二:抽象逻辑　评判社会
高一:自我意识　体悟人生

初三:积极创造　言之有新
初二:提炼思想　言之有理
初一:重在体验　心中有情
六年级:学会观察　眼中有物

了教学建议,提供了学生范文和片段。由于我们设定的写作教学内容应该既关注"怎么写",还应关注"写什么",因此有些单元是以"写作方法指导"为编排原则,有些单元是以"写作内容指导"为编排原则,在教学设计的编排上尽量体现由易到难、由局部到整体、由形象到抽象的过程,使学生作文的深度和广度日臻完善,力图使学生感受到:习作是一件循序渐进的事情。从而有效减少他们对写作的畏难情绪,并进而对写作产生持续的兴趣,实现"写作成长"。比如七年级和高二年级的写作教学设计目录:

（二）完成了项目相关论文集，对立体的中学写作教学内容进行研究和探索。从写作内容的获得、写作技巧的练习、语感的培养、思维品质的提升，到写作兴趣的激发、写作水平的反思等方面进行探索，既有层次性、又有操作性，研讨的问题是立体的，而不是平面的或者线性的。还针对学生写作的真实困难，注意教学活动多样化，能为个性化的写作活动提供支撑。

（三）完成了《中学生"写作成长"心理品质调查分析报告集》。参与本调查的过程中，15 名教师全部完成了调查分析报告。在报告中我们注重结合学生的学情需要，科学分析写作教学中学生的问题所在，并以此为依据科学诊断教师在作文教学中存在的问题，实践，勘误，反思，沉淀与思考，有了很大的收获，对后期的研究提供了专攻领域和途径指向。

（四）团队培养机制完善激活了学员的整体活力，激发了他们专业追求的内驱力。在一定范围内带动团队成员更好地研究作文教学与学生成长之间的关系，提高团队教师的课程意识，形成写作教学序列化的习惯和能力。共成功申报 17 项区、市级相关研究课题；发表了教育教学论文 34 篇、区级以上获奖 22 篇、出版专著 6 部；开设了区级以上公开课或讲座 34 节，其中许正芳老师获市、区中青年教师教育教学评比一等奖，可喜可贺。学员们不仅在磨砺中获得专业成长，而且其良好的教师形象在同行中产生较大影响,得到众多教育同行的肯定,共获得区级以上荣誉46项,可见其示范辐射作用不断凸显。

（五）有效探索了中青年教师培训的运行模式。从调查问卷研制与分析、理论学习和专家讲座、教学观摩和个案研究、再到教学设计系列化研究,整个过程关注学生在写作中获得的循序渐进的成长。工作室研修方式从公共平台个人智慧式——分组主题探讨式——初高中学段推进式——整散结合灵活式,依据项目的研究现状予以不断调整,在有计划、有步骤地按照方案推进实施的过程中,研究工作基本形成了"纵深线难题突破 横向面专业积淀 交叉型实践锤炼"的基本经验,为通过项目研究提升教师的专业发展探索了不同路径和方式,并获得了经验。

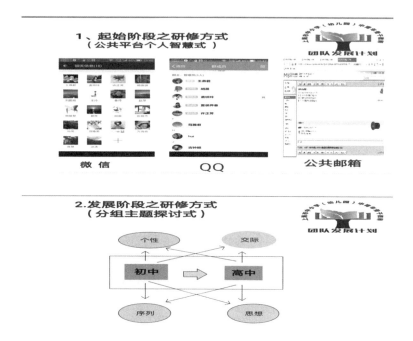

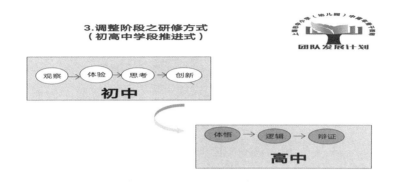

六、研究的重要结论

（一）基于写作教学的发展趋势,提高学生的语文学科核心素养。

随着世界多极化、经济全球化、文化多样化、社会信息化深入发展,各国都在思考21世纪的学生应具备哪些核心素养才能成功适应未来社会这一前瞻性战略问题,学生知识、技能、情感、态度、价值观等多方面要求的综合表现是每一名学生获得成功生活、适应个人终生发展和社会发展都需要的、不可或缺的共同素养,依据学生心理及认知进行系列化作文教学正是提高学生

17

语言建构与运用,思维发展与品质,文化传承与理解,审美鉴赏与创造素养的重要手段。

（二）日益遵循学生的身心规律发展来确定教学。

中学阶段是学生世界观、价值观正在形成的大好时机。如果能更多地关注学生的审美能力、理性思考能力、语言运用能力、自主学习、个性化学习能力、心理能力,我们的作文教学就能在在遵循学生身心发展规律的基础上,实现教学的事半功倍。

（三）在中学写作阶段注重引导学生建立写作与生活的联系。

写作既是书写生活、抒发自我的手段,也是与人交流的基本途径。基于此,要注重引导学生建立写作与生活的联系,语言的建构与运用不能脱离生活,不能光追求"程式化"的没有生命力的书面表达。将写作技巧的指导、思维品质的训练始终与生活的体验关联起来,指导学生有感而发,写出真我。同时,也有意识引导学生为交流而写作,做到有明确的写作目的与交流对象,不写无病呻吟、孤芳自赏之作。

（四）把学生的语言与思维训练放在重要地位。

语言与思维互为表里,语言建构与思维发展是语文学习的根本目标,写作能力的高低取决于思维品质与语言运用能力。因此初中阶段的写作指导始终关注语感的培养,引导学生品读经典之作,分享同龄人的佳作等,使学生在阅读中汲取他人的言语智慧,建构自己的言语经验。这也很好体现了我们对写作本质的认识。高中阶段的设计,我们更突出逻辑思维的培养,注重学生思辨能力的养成,始终把思维训练与语感培养有机结合起来。

七、今后的研究设想

在探索写作教学序列化的过程中,还需要保持对写作复杂性的清醒认识,今后还可以思考如何丰富多元可选的菜单式设计,为不同学校的不同学生写作素养的成长提供更有针对性的帮助。

2017.9.30

参考文献

［1］ 王荣生.《写作教学教什么》[M].上海:华东师范大学出版社,2014 年 11 月.

［2］ 张天定.《写作心理学》[M].河南:河南大学出版社,1999 年 10 月.

［3］ 朱晓斌.《语文教学心理学》[M].北京:高等教育出版社,2012 年 2 月.

［4］ 仇瑾.《高中语文写作序列化教学实践研究》[D].上海:上海师范大学,2014 年 6 月.

［5］ 中国教育部.《义务教育语文课程标准》[C].北京:高等教育出版社,2012 年 2 月.

［6］ 中国教育部.《高中语文新课程标准》[C].北京:北京师范大学出版社,2013 年.

目　　录

唤醒与激发

积累与应用

思维与训练

语言与交际

问题与改进

中学生"写作成长"教学设计系列化研究团队简介

一、团队风采

"写作成长"团队凝聚智慧,和合共生。为实现学生写作水平与心理认知的双向成长,他们追根溯源、研以致用、帮助学生走向写作的快乐、真情、丰富、自由境界。

姚源源、秦萍、陈慧、孟琰玲、刘鹏程、
赵萍、胡晨、王玲、范雅君(前排从左向右)
王燕君、张丽杰、许正芳、孙凤、王冰清、申玲娣、施敏慧(后排从左向右)

主持人孟琰玲,特级教师,市中小学中青年骨干教师团队主持人,市语文名师基地学科导师,华师大师范生兼职导师,区学术技术带头人,四届区语文名师工作室主持人及学科带头人、区高层次创新创业和急需紧缺人才。曾获上海市五一劳动奖章等荣誉。

17名成员教学风格鲜明。**初中学段**:孙凤老师上课富有激情,在研究中起核心作用。赵萍、秦萍和姚源源老师内秀蕴藉,语文素养丰厚。王玲、施敏慧老师细致耐心、追求完美。胡晨老师年轻活泼,教学充满朝气。万海燕老师天性乐观,使学生心灵绽放。

高中学段:王冰清老师大气智慧,理解教学透彻独到。范雅君、申玲娣老师底蕴深厚,常能高屋建瓴。"市语文教学之星"——张丽杰老师谦虚诚恳、文思泉涌。"市中青年教师教学大赛"一等奖获得者许正芳老师好学善思。刘鹏程老师睿智稳重,研究问题敏锐深入。王燕君、陈慧老师思想活跃,内外兼修。夏侯界春老师聪明敏悟,教学智慧时时闪现。

二、团队建设

(一) 理念奠基

皮亚杰的儿童心理发展理论认为儿童认知结构的发展是一个连续构造的过程,教育要按照儿童的认知结构(智慧结构)组织教材,调整教法。儿童从出生到 15 岁的思维发展分为以下阶段:

人格学家默里和人本主义心理学家马斯洛提出人有知的需求,认为人具有解决疑难和理解问题的欲望,可以让人满足最高级的自我实现需要。这些理论成为项目研究的坚实基础。

(二) 专家领航

团队研究一直在专家指导下进行。陈小英、陈军、王白云等一线高端专家经常进行实践指导,其讲座让人耳目一新、豁然开朗;郑桂华博士、赵志伟教授等高校专家为团队理论引导;市师资培训中心搭建的团队发展项目这个平台提供微课程、研究报告写作等专题培训;嘉定教育局、嘉定二中为团队的运行给予坚实保障和支持。

项目组专家指导

赵志伟教授讲授如何指导学生写作审题立意

(三) 模式创新

团队研修方式多样化。先后开展公共平台个人智慧式——分组主题探讨式——初高中学段推进式——整散结合灵活式等研修方式,并予以不断调整,基本形成了"纵深线难题突破、横

郑桂华教授指导写作教学的心理机制

向面专业积淀、交叉型实践锤炼"的经验,探索了提升教师专业发展的丰富路径和方式。

1. 起始阶段之研修方式(公共平台个人智慧式)

微信

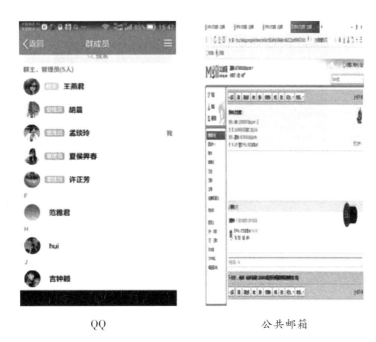

QQ   公共邮箱

2. 发展阶段之研修方式(分组主题探讨式)

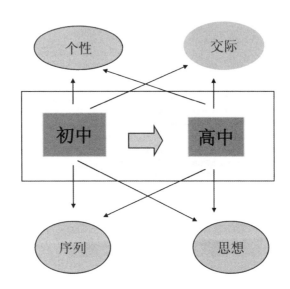

3. 调整阶段之研修方式(初高中学段推进式)

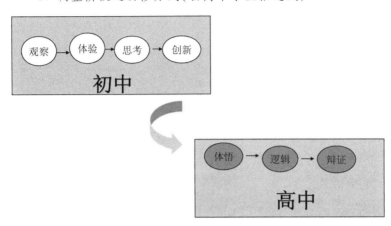

4. 应用阶段之研修方式(整散结合灵活式)

六年级	七年级		九年级	高一年级	高二年级	高三年级
		八年级				

（四）团队共进

团队研究历程是观照生命的三年。成员按照学生的认知结构(智慧结构)来规划教学,这些适合学生发展的教育教学理念、思路和手段促使他们心智逐渐走向成熟,写作兴趣和能力得到激发和发展。学生发展也作用于团队成员,教师们专业素养

7

不断成长、教学生命品质得以提升。从学生的成长促进项目团队的成长最后成为师生共进的成长团队。

中学生"写作成长"教学设计系列化研究团队成员简介

申玲娣

申玲娣老师毕业于复旦大学，工作十余年来爱岗敬业，踏实勤勉，在教育教学上颇有成效。多次带教高三，2016年被评为中学高级教师，现任交大附中嘉定分校教研处主任，语文教师。

在教学方面，综合素质优秀，业务能力强，形成了"严谨、创新、重能、深究"的教学特色，努力营造轻松愉快的教学环境，鼓励学生大胆质疑，自主探究。在诗歌和作文教学领域探究出了一套完整、有效的教学体系。曾获杨浦区"百花杯"教学比赛三等奖。

参与编写《高考作文十大亮点透视》一书，参与的课题论文《学生人文素养在课堂教学中的培养》和《高中学科教学中落实生命教育指导纲要途径的研究》获杨浦区科研成果二等奖，多篇文章在《语文学习》《上海市中学生报》等报纸杂志发表。获2012年上海交大思源基础教育奖教金银奖、2014年嘉定区园丁奖，嘉定区第五届骨干教师。

王燕君

　　王燕君,现任上海市嘉定二中语文教研组组长,嘉定区第五届、第六届骨干教师,嘉定区高中语文学科中心组成员。曾获"上海市语文大讲堂"优秀选手奖、嘉定区"园丁奖"等荣誉,加入"上海市中小学(幼儿园)中青年骨干教师团队发展计划",发表《确定高中语文教学内容难度的原则与方法》等教学论文,并参与编写《中文自修》作文竞赛模拟题等。从教十六年,孜孜追求"春风化雨"的教学境界,在广泛的阅读中获得专家学者的启示,在课堂的合作中获得学生思维的碰撞,乐于探索更先进的教学理念,实践更有效的教学方式。

孙凤

　　孙凤,现任职于上海市嘉定区教育学院初中语文教研员。中学高级教师,曾获教育局记功、嘉定区第五届语文学科带头人、上海市园丁奖等称号。在上海市中青年教师教学评比中荣获二等奖;嘉定区中小学课改实践展示活动评选一等奖。积极参与中央教科所德育科研课题及市、区级教学科研课题。撰写的多篇论文发表于全国、市、区级刊物上。如《学生情商的培养与语言运用能力的提高》等文章发表于全国核心刊物《中国教育发展研究》。积极参加编写《当代学生(现代文阅读)》《中考语文专项训练与模拟试卷》的编写工作。

教学中注重引导学生对文本的体验与挖掘,尊重学生在学习过程中的独特体验,积极营造语文教学师生平等对话的学习氛围。主张"感人心者,莫过于情",通过情感的熏陶,在潜移默化中提高学生的语文素养与语文能力。

王冰清

王冰清,教育硕士,嘉定二中副校长,区第三、第四届骨干教师。曾获华师大课堂教学研讨一等奖、上海市写作协会作文教学大赛三等奖。曾获区教育科研成果一等奖,论文评比获全国一等奖、长三角二等奖,案例评比区一等奖。论文、课堂实录发表在《语文教师如何成长》、《高中语文教师专业能力必修》等书,作业设计收入于《上海二期课改语文高中学生学习用书(三年级第一学期)》。曾获上海市园丁奖等荣誉称号。

张丽杰

从教十二年,"让课堂成为学生思想的起点和归宿"是她的座右铭。她期待自己的语文课,拥有发自内心的语言,睿智活力的思想,人文熏染的情怀,给予普通中学学生不普通的课堂体验。她喜欢经营课堂——设计动态的课堂环节,使思维活动贯

穿始终。师生互动,逐渐推进;教师引领,摘取"果实"。丰富课堂活动,诵读、表演、自悟、合作,激发兴趣,点燃热情。精剪合并教学环节,扎实构筑评价量规,保持学生心理"弹性",有期待,乐求索。

坚持无心而为,保持一颗赤子之心。从"嘉定区教学新秀"成长为"上海市语文教学之星",从"南翔中学十佳青年教师"历练为"南翔镇十佳青年教师",每一份收获都满载期望,每一个期望都需要沉潜静默。愿她能努力播种语文的种子,拥有百花满园的收获。

许正芳

许正芳现为上海市嘉定二中教师,中学一级教师,担任语文教研组副组长。在教学工作中,许老师努力钻研,勤于问道,注重让学生"在课前预习中自主提问,课堂上深入文本自主质疑,课后通过作业巩固延伸"。从教 15 年来,曾获第六届全国中青年教师优质课大赛二等奖,区高中语文课堂互动案例征文比赛二等奖,所执教《黄州快哉亭记》被评为教育部 2014 年度"一师一优课、一课一名师"活动部级优课,获 2016 年嘉定区中青年教师教学评比一等奖,2017 年度上海市中青年教师教学评比一等奖;文章《关注课堂提问,提升教学效能》《高考作文更精彩的几个要素》《基于学生课堂学习主体性的教学设计》先后发表于区级《进修与研究》、市级《上海中学生报》《学习报》;《高中语文学生学习活动有效设计的实践研究》获2015年度嘉定区教育科学研究课题"重点课题"。

范雅君

　　范雅君,交大附中嘉定分校语文教师,教育硕士。教坛耕耘多年,不断超越自己,追求"诗意语文"的教学风格,坚持美育树人。多年来一直坚持教育科研研究,曾参与过国家级课题传统文化研究并获得中央教科所颁发的证书;《当代诗歌还能走多远》《〈诸子喻山水〉中有待商榷的注释》等多篇论文获奖。《老王》中的一处细节《散文教学中的"咬文嚼字"》《璞玉浑金,玲珑剔透——沈从文〈边城〉中翠翠人物形象简析》《风去台空江自流》等多篇文章发表;多次开设区级公开课以及区级讲座,也曾开设过省级观摩课。指导学生在"第八届中华圣陶杯中学生作文大赛"、"第八届沪港奥与新加坡四地中学生阅读征文暨2007全球华人中学生阅读征文大赛"、上海中学生作文竞赛、上海市古诗文大赛等各级各类赛事中多次获奖。连续几年参加高考作文阅卷工作。被聘为区高中语文学科中心组成员。2012年、2013年连续两年区政府记功,被评为区第五届骨干教师。

　　杏坛心语:水深不语,静思己过。

姚源源

姚源源,上海市嘉定区迎园中学语文教师,中学高级教师。曾获北京市海淀区"青年先进教育工作者",上海市嘉定区园丁奖。北京市海淀区语文学科带头人,上海市嘉定区语文骨干教师。教学理念:语文即生活。倡导在阅读与写作的享受中学习语文,提升素养,提高生命的质量。

秦萍

秦萍,中学语文高级教师,上海市青语会会员。嘉定区第四届、第五届骨干教师,初中语文学科中心组成员。教育教学中,她总是将慈爱、奉献与严格交融在一起,以认认真真、踏踏实实、兢兢业业的工作态度履行着一名普通教师的职责。

作为一名深受学生喜爱的老师,她利用业余时间不断地进行研修学习,考取了华东师范大学中文系的教育硕士,远赴加拿大皇家大学完成业务培训。在教学上,她不仅做到了厚积薄发,洒脱自如,沉稳严谨,而且还开拓了一条知识体系全面,要领点拨恰到好处,日常用语表达生动清新的教学之路,由她负责的区级课题两项,市级课题一项,撰写的文章多篇在市级以上刊物发表。她积极参加课堂教学评比,个人获得教育局记功、记大功等区级以上荣誉30余次。她所任教的两个班级的语文成绩,不论是平均分,还是及格率、优秀率均是名列前茅;近几年来,她辅导的学生获得区级以上奖项40余次。

陈慧

陈慧,女,1979年出生,2001年毕业于上海师范大学古典文献专业。现就职于上海市嘉定区第一中学,任职语文教师和班主任,中学一级教师。热爱语文学科教学,参加2010年第三届"上海市语文教育之星"评选获嘉定区一等奖。参与编纂华东师大《一课一练》高二语文(上、下)的练习,主编的高考文言文复习资料《赢定高考课内外文言文复习专练》,由华东师范大学出版社出版。热爱文学、喜欢阅读;热爱生活、性格阳光。安静时,可以阅读书籍数小时不动;活泼时,可以和学生一起奔跑运动欢笑。生性乐观,善于协作,教学风格亲和自然。

赵萍

赵萍,1988年踏上工作岗位,中学高级教师,上海市青语会会员,现担任南翔中学教学管理处主任。在近三十年的教学实践中,她谦逊好

学、积极进取,不断探索语文教学的新方法、新思路,形成了真实、朴实、扎实的教学风格,课堂教学效果显著,辅导的学生在各级各类比赛中多次获奖。她热爱学生、关心学生,所带班级被评为市先进集体。她积极投身教科研,先后有十几篇论文在市区级以上杂志发表或获奖。曾被聘为嘉定区教师进修学院初中语文中心组成员,是嘉定区第四、五、六届中学语文骨干教师;她多次被嘉定区教育局记功、记大功;先后获得第二届上海市农村学校教师优秀教学工作"君远奖"、嘉定区园丁奖等。

刘鹏程

刘鹏程,2004 年参加工作,现任嘉定区同济大学附属实验中学副校长。

叶圣陶先生曾说,语文课之最终目的:自能读书,不待老师讲;自能作文,不带老师改。在语文教学中,刘鹏程老师一直将此奉为圭臬。他尊重、爱护、信任每个学生,重视学生的想法与需求,着眼提升学生的"自能读写"能力,着力培养学生的语文学习兴趣和习惯,着重设计适合学生的语文实践活动,指导学生开展自主学习与探究,努力探索实践"自能语文"的教学主张。

王玲

王玲,上海市嘉定区怀少学校初中语文教师。从事教育教学工作 23 年。一直坚守在教学第一线。作为一个初中语文教师,我拥有教育理论和过硬的业务水平,让学生佩服,并能用诚挚热烈的情感去热爱、尊重、信任学生，了解每一个学生的心理，认真上好每一节课，真正达到师生心心相印、心理相知，让学生感到老师可亲可敬。面对电子科技迅猛发展的今天，她尝试着应用网络刺激学生的读写热情，提高读写效果，建立起以班级为主要成员的博客群，同学们把自己写好的文章上传，大家欣赏

点评，"小作者"根据大家的意见修改作品，全班同学读写水平都有较大提高，学生获得了许多作文竞赛奖项。

她积极参与教学科研，撰写的有关教育教学方面的论文（《找寻熟悉的身影，让阅读变得亲切》《激发学生兴趣，让古诗文阅读轻松有效》《我手写我心，诉出真性情》等）发表在国家级、区级等刊物上。曾主持校级课题《初中生创新作文教学初探》的研究。在高考、中考接连改革的今天，她没有故步自封，不断学习教学新理念、研究教学新方法，力争在剩余的教育生涯中做到贡献的最大化。

施敏慧

施敏慧，嘉定区怀少学校初中语文教师。热爱阅读，也希望学生通过阅读，发现文字的无限表现力，带来的丰富想象力，发现文字内外天地的广阔和神奇，让他们从内心深处喜欢上阅读。同时，努力地在

语文学科的文学性和工具性中找交叉点和平衡点，一方面扎实学生语文基础，另一方面通过观摩电影、尝试剧作、论坛交流、文学小组对话等各种形式，培养他们对文学世界的好奇心，鼓励学生学会用文字来抒发不失独立思维和独特个性的真实情感和观点，使语文学习具有交流、分享快乐和经验的特点，在学科成绩优秀的同时，也提高了文学素养。在教学实践中也总结反思并改善自己的教学策略，把教学实践的体会记录并纂写成文，论文、案例、教学设计获得了不同奖项，也有刊载在各种教学刊物和杂志上。

胡晨

胡晨老师是上海市南翔中学的语文教师。参加工作以来，始终以主人翁姿态积极对待学校的各项工作，责任感强。工作兢兢业业，认真踏实，高质量地完成学校布置的各项工作和任务。在教学中，注重以学生为本，遵循学生的成长规律，关怀爱护每一个学生，不放弃、不抛弃。尽自己的最大可能，带给孩子爱的温暖，同时引导学生懂得生活处处皆学问，学会"用眼睛观察生活，用心灵感悟生活，用双手描绘生活"，在潜移默化中提升学生语文素养，提高语文水平。所带教的初中毕业班的中考成绩均名列前茅。个人多次被评为学校的教学先进。

教育学生也不忘充实自我。胡晨老师在课余认真钻研教学教法，整理教学的心得。撰写的多篇论文在各级杂志上发表。

主持区级研究课题《基于古镇文化的初中语文地方性资源开发与利用研究》，现已结题。

夏侯畀春

夏侯畀春，上海华东师范大学第二附属中学语文教师，中学一级，华师大中文系教育硕士，在多家全国核心期刊上发表教育教学论文和课例，编写过多本教辅资料；参加过各种区级市级的教育教学比赛；曾为上海市首批班主任名师工作室学员，嘉定区孟琰玲语文工作室学员。

万海燕

万海燕，女，中学高级教师。课堂生动活泼，幽默风趣。以灵魂教育为语文教学的核心，善于引导学生主动思考深层次问题，构建学生正确的三观，为学生的终身发展奠定较好的基础。从教 20 多年，深得学生和家长的欢迎。曾多次荣获区级记功，第五届区骨干，参加加拿大培训，学到了国外的先进教育理念，并付诸实践。

唤醒与激发

观察自然与生活，书写思想与情怀

——关于初高中作文衔接教学的思考

申玲娣

学生进入高中，在学习上势必有一个衔接过程，在语文学习和作文方面也一样，而从作文教学方面来看，如何保持学生对作文的兴趣，不要造成畏难心理，是很重要的一个方面，而如何从记叙描写过渡到议论，也是高中作文起始阶段重要的教学任务。所以，做好初高中作文教学衔接工作，才能为整个高中作文教学奠基。

一、初高中作文衔接教学中存在的问题

回顾一下初中作文教学，其写作目标比较侧重于培养学生的形象思维，要求学生能写作内容具体、描写生动细腻的记叙类作文，而高中写作目标是通过写作实践发展形象思维和逻辑思维，分析和综合等基本的思维能力，发展创造性思维。从初中到高中的变化，其中有较大的能力梯度跨越，是一次质的飞跃与提高，再加上初中学生自身生活视野比较狭窄，作文选材有惰性，习惯重复使用某些素材，或形成了某种写作套路，缺少真情实感和独特见解等问题，所以初高中作文衔接教学需要对学生进行素质衔接和心理衔接。

（一）学生的文体写作经验问题

学生初入高中，写作经验局限于记叙类文体写作，选材比较

单一,甚至习惯准备好素材进行套题写作,作文缺少个性和独特性,初高中衔接阶段,教学应该遵循循序渐进原则,首先要保护学生对作文的兴趣,激发学生对自然和生活的观察与思考,培养抒发真情实感的良好习惯,从自己观察和描写的对象中去发现议论的切入点,逐渐形成自己独特的见解和逻辑思维能力,逐步过渡到议论文的写作。

（二）学生思维能力问题

此外,对议论类文体也比较陌生,尚无系统的分析说理能力,对社会问题和人生没有深入的思考,即便有零星的想法见解,也是缺少逻辑的非系统的,不能多角度多方位多层次去分析问题,思维狭窄而又肤浅,需要通过一段时间的阅读和训练,使其对周围世界和自我的观察与思考进一步提升到更高层次或更深领域。

（三）学生的写作心理问题

刚刚步入高中的初中生,写作心理还不够成熟,阅历也有待增加,对社会的关注和思考也相对稚嫩。初高中作文教学衔接过程中,教师在作文设计过程时要尊重学生的年龄阅历和写作心理,创设让他们自由表达的情境,去唤醒他们遗忘或者不敢写到作文中的生命体验,去激发他们对生命、生活和社会的思考与发现,让写作心理和思维力一起成长发展。

所以在进行教学课程设置时,应该延续记叙类文体写作,进一步训练学生的观察能力、感悟能力,记叙描写能力,选材能力,去发展学生的思维能力,丰富学生的选材视野,拓宽学生的思考领域,增加学生的积累,逐步过渡到阐发议论的能力,为以后议论文写作做好过渡和铺垫。

二、初高中作文衔接教学问题的解决策略初探

(一) 写作命题策略初探

要解决上述问题,首先是要探索衔接阶段的写作命题问题。好的命题不但让学生有话可写,能提升写作能力,也同时能丰富思想,训练思维,滋养生命。

一个好的作文题,要充分考虑到学生的心理发展水平,让学生有新奇、有趣、独特之感,应该是在学生的意料之外,又贴近学生实际,易于动笔,让所有学生有话可说,让学生喜欢写作文,命题应该关注现实,关注身边生活或人物,对学生有所激发,形成成熟过程中还不太成熟的思想火花,让学生通过丰富自己的观察、经历和体验,形成对社会、人生独特的思考,能从寻常处开掘到不寻常处;还必须有明确的训练目标,引导学生加强细致的观察,尤其是平时忽略的自然景物、学校和家庭生活,以及我们生活的这个时代和社会中的有意义有价值的内容,多去感悟发现其中的哲理,体会其中的美感,培养理性精神,寻找独特的选材视角和有创意的表达,逐渐从自然、生活深入到文化、社会的领域中去。

从作文序列训练设计的角度来看,也应该由近及远,从学生最熟悉的领域出发,逐渐到更广阔的领域。比如班级人物素描,就是学生最熟悉的领域,朝夕相处的同学是身边最熟悉的风景,这一作文题可以训练学生仔细地观察别人的举手投足,描摹其言谈举止,展现其性格品质,而"渐行渐远的_____"这个半命题作文则引导学生放眼周围的社会生活,去思考随着时代变迁我们逐渐失去了什么,人类给自己制造了什么困境,又该如何

去突破和改变,这样的作文题就应该放在稍晚一点进行。

其次应该从内到外,引导学生细致的观察,描写出独特的细节,比如"秋雨的味道",学生必须仔细观察秋雨的特征,描摹出秋雨时节天气和景物在秋雨中的变化,秋雨带给自己或他人的主观感受,再如"门前路上"想要写出门前路上的景物和人物,也得进行细腻的观察和深入的思考,这条路上有什么特别之处值得去写,然后通过细致地描写,将其用文字展现出来。

再次要注意逐渐由情到理,观察自然,观察生活,观察社会,情感是浅层的直接的触发,哲理则是深层的推进的升华。还要注意引导学生将自我和周围联系起来进行思考,我与他人、与时空、与自然、与文化、历史和社会的关联,把小我放到广阔的大世界中去审视,去反省去创造。

命题参考:

×班(校)人物素描

门前路上(窗外)

校园一角

×月×日这一天

秋雨的味道

渐行渐远的____

(二) 能力、素养提升策略初探

初高中作文衔接教学还应注重能力和素养提升,写作是以我手写我心,写出自己的思想、素养,没有"我",便没有"文",没有能力,也无法表达出来。

初高中作文衔接教学是为了学生的写作能力的有序和持续发展,是为了全面培养学生的思想、人格和素养,稳步推进高中

28

的写作教学。每次作文训练找准一个突破口，从局部素养提升到综合素养的发展，在写作实践中主要关注和训练以下几方面：

1. 不拘一格任选材

议论文写作对学生写作有较多限制，尤其是材料作文，因为审题的要求让学生望而生畏，一旦审错就全盘皆输的结果又打击了学生作文的信心，不会议论分析的学生只会在作文中堆砌例证材料，以叙代议，导致文章空洞无物。在衔接教学阶段，尽量减少作文命题对学生选材的限制，引发学生对作文的兴趣，鼓励学生大胆写、放开写，以我手写我心，写出独特思考，写出真情实感。无论是写自然季节，还是写人物和生活，要引导学生去从不同角度去看问题，从细微处去观察和感知，多思考如何写与众不同的素材，如何在陈旧选材中出新意，在生活中，多让学生走出狭小天地去看去观察去感知去体验，去想去发现去另辟蹊径。

比如《门前路上》，有的学生写的是拉萨寺庙门前的一条路，沟通起喧嚣的尘世和静谧的禅境，佛门弟子和芸芸众生一同走过这条路，完成心灵的净化和洗礼；有的学生写的是家门前一条古色古香的路，曾经的童年光阴和诗意，曾经的安静和古朴，在现代化的高楼大厦挤压之下多么难能可贵，有的学生写的是初中校门前的那条路，那条路上的老师和同学，他们的举动和话语，而今终将离开，一切化为回忆永存心底……可以崇高可以平实，可以遥远可以切近，只要经过了细致的观察和独特的思考，就一定能发现一片崭新的天地，写出独特的有创意的内容。

选材从单一走向丰富多样，走向开阔是学生素养的一种不断提升。单一的选材是囿于视野的狭隘，积淀的浅薄，学生不断增加阅历和阅读，加深思考，丰富积累，素养提升，选材便能逐渐走向个性化。

2. 激发学生勤观察

新颖的作文来自独特的创意,独特的选材来自细致的观察,要培养学生观察的习惯和细致观察的能力。发现常人所忽略的点点滴滴,也许就能够柳暗花明。教室门前的一片花,门前路上的一枝梅,都蕴含着无限机缘。也许让人想起来顾城的诗句:"草在结它的种子,风在摇它的叶子,我们站着,不说话,就十分美好",也许就想起来龚自珍的《病梅馆记》,*月*日这一天,这天的你我、这天的生活与平时有何不同? 门前路上有什么风景什么人做了什么事? 秋雨与其他三个季节的雨有什么不一样? 要写的人物有怎样的音容笑貌?

学生要写好这些作文,必须去观察春夏秋冬四季风景的变迁,什么样的人走在门前路上,身边的人物的言谈举止,爱好个性等等。勤于观察,细致观察,就能发现独特发现美,发现秋雨那滴滴答答淅淅沥沥的悠远绵长,湿漉漉潮乎乎的无声之境,发现每个平凡日子和平凡人物的非凡之处。打开自己的五官去观察,去感受,观察是一把钥匙,打开外界的门也打开自己的心,读懂自然的同时读懂生活,感知困境时也发现通途。

3. 细节描摹见真情

细节,有力,传神,会闪光,最动人,把瞬间化成永恒,给人留下最深刻而独特的印象,是艺术作品中的灵魂。祥林嫂的"间或一轮"的眼睛,康大叔刺得老栓缩小了一半的目光,孔乙己穿着长衫站着喝酒的动作,我们曾经读到的细节都永远这么鲜活。要让学生学会细节描写,以细节表现人物精神品质,传递真情。

细节描写,可以写色彩,写声音,写动作,写神态,写变化,关键在于抓住最本质最典型的特征并显露于细微处,好的细节描写总是真实、精妙、生动的。

30

"教室门前一开始只是郁郁葱葱的草，是的，我以为只是长得比较高的草而已，拢在一起，就像是高高的谷堆。草上的花是慢慢开出来的，先是几朵，等你注意到'万绿丛中一点白'的时候已经有一片了。小小的白色的花瓣，围着嫩黄色的蕊，弱不禁风的。慢慢的，花势渐渐扩散开来，铺天盖地地在花圃中绽放。第二天，多一点，第三天，再多一点，第四天……慢慢地，盛开在我们的眼睛里。"这样的细节描写洋溢着无限诗意，自然万物让我们感觉到美好从而更加热爱生活。

"又过了一会，校园里的灯亮了起来，细细一看，雨点又在苍白的灯光下现了踪影，像一颗颗钻石，散射自身的光辉。"那散入苍穹而不见的雨点在灯光下现身了，多么精彩而又隐蔽的一个细节，"今夜又有了秋雨的陪伴，我露出了满足的笑容。"小作者忍不住直抒胸臆了。

在细节描写中展示事物，展示自我，展示生活，抒写真情，表达能力也就不断增强了。

4. 关联人事有哲思

记叙描写不是高中作文的目的，作文选材和构思时必须有深刻的思考：这一天，这一条路，这一个人，这不同时空里发生的事件，这自然，这春夏秋冬，父母邻居，擦肩而过的你我他，我们在做什么，为何而做，故事背后有怎样的追求与梦想，困境与挣扎，付出与收获……写作文时，要引导学生将自己和外界关联起来思考，古人讲求"天人合一"，自然是我们领悟人事的基础，教会我们太多的哲理，我们和他人、社会有着千丝万缕的联系，我们生活在不同的时代，需要思考眼下的时代和传统的东西之间的取舍扬弃，作文因思想而深刻，因情怀而感人。衔接阶段的作文训练，要培养学生逻辑思维的能力，深入思考的习惯，不断拓展的思维空间。

比如在写作"渐行渐远的_____"时,要去思考渐行渐远的东西是什么,其本质是什么? 是人类自掘坟墓的困境,还是文化传承的断层,是传统道德的流失还是价值判断的迷宫?

三、初探策略实践中的一点体会

通过初高中作文衔接教学这一阶段,学生虽然延续初中写作的习惯和手法,但在作文写作训练过程中,观察更细致,选材更开阔,锻炼了细节描写的能力,也有了议论从记叙中来的意识。从复杂记叙文逐渐过渡到议论文,从记叙描写议论发展为分析说理,学生在写作心理上没有被凭空拔高,在写法训练上也没有出现断层,衔接阶段的作文教学保护了学生的写作热情,也激发了学生深入思考的兴趣,有了这样的铺垫与过渡,后面的议论文训练就可以水到渠成了。所以衔接阶段的写作教学不可或缺,不可轻忽。与其拔苗助长适得其反,不如尊重规律厚积薄发。

而且在这一过程中,学生的生命体验不断丰富,他们开始观察思考身边的世界,周围的社会,在阅读与写作中感悟,在倾听与表达中成长,作文不再是枯燥的训练,而是生命的节日,每次作文,就是一次拔节,一次灌浆,一次新生。

附:学生作文范例及点评

门前路上

上海交通大学附属中学嘉定分校 2019 届 1 班 吴洱璇

老人坐在门口,吧嗒着一杆自制的旧烟枪。陈旧的木扎脚下依然是沉积了几千里的黄土。

不知从什么时候开始,他好像总是坐在院子门口呆滞地望向通向远方的路。是从老伴离开的那一天?还是从儿子背上行囊踏上远程的那一刻?

没有人能回答,唯有耳畔呼啸的风沙。

伸手摸了摸脚边又在熟睡的老土狗,却没有丝毫动静。它早已老了,再不会奔跑在门前那条凹凸不平的土路上了。蔫着脑袋,没有一丝生机。

而他呢?他也老了,耳已听不清长空鹰啼,眼已望不穿黄土万里。

一个生活在黄土高原上强壮的汉子,如今只能与寂寞门庭相伴,守着残喘的时日,在无望的等待中活着。

他拄着一根干枯的树干,颤颤巍巍地走到路上。

一排单薄的篱笆隔开了这个小小的院落。里面是他栖息的狭小天地;外面,走过那条土路,能望到千万里的黄土,能到达远方的城市。

十多年前,令他引以为傲的儿子,踏着这条小路,走出了这荒凉的黄土塬。没有回头,只有迈向另一片天地的决然。他很想叫儿子常回来,可他什么也做不了,他第一次为生活在这里而自卑。望着儿子渐行渐远的背影,他感到劳累,感到孤寂。

他深情地注视着那条路。他熟悉的,甚至每一块凹与凸,依旧如故。在这条路上,他曾经挺起胸脯,拿着锄头,高傲地走向他的土地;也曾带着红花,牵着新娘,幸福地走向他的新房。

尘归尘,土归土。几十年一晃,他又像儿时玩耍一样,立在门前,望路而思远。

也许他已经被遗忘了,就像这些黄土。人们在这里被哺育,却又急于离开,不愿回头。

门是路的起点,千万里行程始于迈离门槛的第一步;

门也本应是路的终点,风尘仆仆,终至归处。

而他所望的,不过是被遗忘的门与路。

黄土筑成的一切,屹立于此,华夏民族起源在这里,而时光却又选择把这里忘记。千沟万壑的黄土高原上,有无数孤寂的门与路,也有无数老人等待着归家无期的子女。守望中,都是一样的孤独。

他叹了口气,又坐回了木扎上,望着门前,通向远方城市的那条路。

本文选材独特,借门前路上的描写,小作者关注的是城市化进程中的社会问题,那些远离农村的新城市人,那些黄土地上的空巢老人,那些追求,那些离去,那些守望,那些孤独。文中有细腻的描写,有精炼的议论,切入点很小,却最后放大到了无数家庭的内里,深入到了国家发展的问题和整个民族的根源。结尾意味深长,引人深思。

渐行渐远的静谧

上海交通大学附属中学嘉定分校　2019 届 1 班　韩文芸

我的家就在新建的上海迪士尼附近。在被选址建造迪士尼之前,那里算得上是一个偏僻的地方。人烟稀少,打开窗,眺望远方,是一片绿油油的农田。深吸一口气,空气中带着丝丝甜味。天空如同被洒了半瓶天蓝色的墨水。有些地方是深蓝色,有些则是被稀释了的浅蓝。也许正是这份独特的静谧,吸引了我和父母在这安居吧!

慵懒地躺在阳光里,听小鸟啾啾鸣叫,远离尘世喧闹,颇有

"采菊东篱下，悠然见南山"的情趣。

可是好景不长，静谧被打破了，随之而来的是推土机，电钻……

轰隆隆……推土机正卖力地工作着，它的任务就是把它面前的一大块农田推掉变成适于建造房屋的泥土。

我们终日将窗门紧闭，因为窗外是令人烦躁的噪音。夏天时也再也听不到蛙鸣。望向窗外只有飞扬起的尘土，云朵被熏得乌黑。各种机器终日叫嚷着，不得安宁……

我见证着迪士尼城堡一砖一瓦的堆砌。如今迪士尼乐园建造成了，带来的是蜂拥而至的游客，各种便利交通的直达。园区内的音乐终日在我耳畔响起，经济发展了，房价涨了几倍。可这都是以渐行渐远的静谧为代价换来的。

城市要发展，势必要把农田变成高楼大厦，可我又能去哪里寻找"明月松间照，清泉石上流""漾漾泛菱荇，澄澄映葭苇"的静谧，悠闲？

中国确实有许多秀美山川，但大多也被商业化了。就在刚刚过去的十一黄金周我去了天柱山。本以为这种名气略低的山会人少一点，但一到那里就发现不是人挤人就是看人头。山中看不见潺潺溪水，听不见小鸟啾鸣。眼里是各种垃圾，耳畔是游客嘈杂的谈话声，嬉笑声。满怀失望我离开了那里。

真希望城市的生活节奏能慢一点，再慢一点，留住那渐行渐远的静谧。

独自一人静静地走在树林间，阳光从高大的树木的空隙中倾泻下来，也许一只松鼠会突然窜到你面前，用小眼睛上下打量你。坐在溪水边，看飘落的树叶在水中打转，又漂到下游。体悟"盖将自其变者而观之，则物与我皆无尽也"……

这份静谧是不允许被打扰的,也是不忍心打扰的。

哦,那渐行渐远的静谧……

曾经我们是自然的一部分,自然给予我们物质和哲思,随着文明的发展前行,自然却在渐行渐远,本文作者细致地观察和体会到了静谧正在远离我们,同时远去的还有诗意的情趣和宁静的心灵,取而代之的是经济的飞速发展和赶场旅游的匆忙,是真切的体验,也是独特的感怀。今昔对比,细节刻画,助力了主题的表达。

9 月 15 日这一天

上海交通大学附属中学嘉定分校　2018 届 3 班　童心辰

人生会有许许多多的 9 月 15 日。时光看似繁多用不尽,却又在弹指间悄然流逝。过去的每一瞬、每一天,都将成为过往与历史,9 月 15 日,这一天,当然也不例外。我正处于这一天之中,我正与这一天一起,看它缓缓走向尽头,成为永久的过往。

微凉,丝丝初秋的寒意穿透皮肤,沁入体内。稍凉的空气气息吸入肺中总会有一股奇妙的化学反应,那年刚进初中,感受到的便是这般。岁岁年年花相似,岁岁年年人不同,只是未想到,外界带给身体的奇妙反应依旧留存着,仍未散去。

这能勾起过往的奇特气候总让人不禁回想起从前,如今,年已十六,那么能记得起几个月 15 日?答曰:一个都不能记起。9 月 15 日,既非诞生日又非重大事件发生日,怎能够清晰地记得?不禁哑然失笑,暂时将思索回忆一事搁置一旁。

校园中一如往常,没有 9 月 15 日的任何特别之处,也无人关注今天,看似平凡的日子,人生长河中不起眼的一天。

　　静坐于教室之中,黑板上老师刷刷留下板书,黑板上同学哗哗擦去板书……人来,人又往。忽地觉得,今天,9月15日所发生的一切,都将不再重复。今后所感觉相似的场景,出现相似的人,他们都不再是今天的他们。何为独特性? 我想,这并不需要令人注目的大事,相反,每一处细小的改变,每一天的相似不相同,便是其独有的,唯一的。9月15日,渐渐的,好似在我眼中变得不那么普通。它有它的美,它宜人的气候不会再出现完全相同的第二次;它所囊括的时间不会倒流;它所呈现的画面没有重播。人生没有预告,人生更没有彩排,但恰好,每天的现场直播更令人动容,即使是相似的,那也必是独一无二的。

　　很久没有这般畅快深刻地思考了,心中略欣喜,又有些许迷惑。欣喜自己得出一个尚且可以的答案,寻出9月15日之中的独特之处,却又不免迷惑自己片面的想法是否过于天真。但其实无妨,生命的可贵即为思考,这完全一样的思考,也是再也不会出现的吧。

　　初落笔之时到现在,已过去一段时间,它们已成为历史,它们是9月15日过去的那段时光,但好的是,文字留下我的些许思考,让9月15日的独特不至于湮没于过往之中。

　　9月15日,未完,仍在继续……

　　平凡的日子,微凉的空气,似曾相识,又完全不同的细节,作者发现了每一天的独特性,本文的精彩之处在于议论从记叙中来,即便对每天独特性的完全一样思考也将再也不会出现,因此,每一天都不会湮没于过往。发现普通中的独特不同,也是作者独特的思考。

秋雨的味道

上海交通大学附属中学嘉定分校　2018 届 1 班　徐鹏程

秋雨,又在下了。

独立秋雨中,用心细细品着,这秋雨的味道。

秋雨浸润过的土地,颜色更加深沉,望着水塘反射出的一隅,宛如透过黑色亚克力镜,景似乎没变,只是多了一层深邃,多了一层沉重。秋雨浸润过的树叶,原本青葱的颜色像是被更浓郁的绿色加深了,远处树上的些许叶子渐渐泛黄、泛红,更显得热烈而深沉。纷纷扬扬的雨点打到树叶上,顺着叶脉缓缓流淌,轰然坠地摔开万道金光。秋雨浸润的天空,苍茫而悠远,如一顶苍穹扣在这深沉大地,仔细凝望,与天一般大的云或深或浅,看似白茫茫毫无生气,却似乎暗流涌动,波涛翻涌。藏在这半透明的朦胧的幕布后面,仿佛可以望穿另一个世界,深邃而遥远。

静,一切是那么的静。纵使雨点拍击泥土的声音历历可闻,却不知为何,一切却显得更加静了,我一动不敢动,不想打破这令人陶醉的静谧。苍黑的树干上苍青的树叶,仿佛在悄悄地发出窸窸窣窣的声音,侧耳倾听,却又什么也听不见。一片叶子在看不见的风中摇摇欲坠,终于划落空中,这轻舞的身姿如翩翩的蝴蝶,在空中划过一道优美的弧线,安详地躺落在了地上。仿佛听见大地轻轻的震颤了一下,似乎大地被这轻柔的落叶温暖得战栗了。那震颤的水滴在平静如镜的湖面,泛起一圈圈涟漪,泛得我的心也跟着颤抖起来。我却又并不是什么也听不见,远方,隐隐约约,仿佛大提琴悠扬的琴声传来,又仿佛在空中摇摆的风铃,清脆如淅沥的雨声,把人心洗涤得清澈、旷远起来。

一阵秋风拂来,这才使我感到丝丝寒意,不禁打了个喷嚏,鼻窦中仿佛被鼻涕润湿,欲流,却又终究不流下来。这才发现,深秋之风的凉,不像春风温柔拂面,不像冬风凛冽刺骨,却仿佛又凉,又不凉,凉的飒爽,却又凉得让人不知不觉得了小感冒。随后身子也渐渐颤抖起来,一边抱怨少添了衣服,却一边又想在雨中多立一会,再多品一会秋雨的味道。

如此却又终于品出了些许"寻寻觅觅,冷冷清清,凄凄惨惨戚戚"的味道来,不知何时秋悲悄悄爬上了我心头。再看,再听,再感受着眼前的一切,仿佛都蒙上了凄清悲凉之色彩。

但,秋雨的味道,究竟是怎样的味道呢?它不像春雨的味道那么清纯,混合着草木与泥土的香气,它也不像夏雨的味道那么炽烈,混合着蝉鸣的聒噪。秋雨的味道,是深沉的。用《我与地坛》中的话来说:"秋天是从外面买一棵盆花回家的时候,把花搁在阔别了的家中,并且打开窗户把阳光也放进屋里,慢慢回忆慢慢整理一些发过霉的东西。"

自以为,这便是秋雨的味道。

若把春夏秋冬比作四季,春天为童年,夏天为青年,那么秋天则必为中年。他不至于如暮年那么死气沉沉,却也不如青年那么朝气蓬勃。而当中年下起了雨,便不禁开始回忆这大半生的沉淀,回首,望着来路,望见儿时的发霉的梦想,望见来时的步履匆匆,伫立,更坚定了脚下的步伐。

闻见了秋雨的味道:清新,却又微苦;静穆,却又热烈;凄凉,却又仿佛带着无限希冀。

那股味道,在鼻腔中,久久不散去,在胸怀中隽永。

秋雨过后,景物颜色的变化,苍茫的天空,细微的声响,飘落的树叶的弧线,水滴的涟漪,本文细致的描写真是精彩独到,作者的观察力令人惊叹。文章后半部分议论抒情,写出秋雨给人的感受:深沉而又复杂——清新又微苦;静穆又热烈;凄凉又带着希冀。

唤醒、发现、表达

——写作教学中激发高中生写作兴趣的思辨

王冰清

写作,是生命里长出的一棵树;与其说它是学习而得来的,不如说是在生命成长的过程中渐渐养成的。

写作是要有表达欲望作基础的,没有写作冲动,不可能写出好文章。写作是对生命美好、真挚的一次次唤醒。一个生命复苏自然了,饱满放松了,就会产生说话与表达的高级欲望;写作教学最根本的问题,就是激发或者说唤醒学生这种高级表达欲望。

现实中,学生有写作冲动吗? 通过调查我发现,喜欢写作的高中生寥寥无几,大部分对于写作持"一般"或"不喜欢"态度的学生都普遍地表现了自己对于写作的困惑和无奈。不喜欢的理由呈现出比较集中的概括起来依次表现为:心理被动、生活贫乏和表达困难。由此可见,学生写作上的困难首先并不是来自于素材和技巧的缺乏,而是来自于心理上的一种缺失,来自于对生活诸如自然、艺术、社会等等之于人生价值意义的迷惘、陌生和忽视,而这些就造成了学生内心世界的精神断流,从而就造成了他们写作上的兴趣寥然,使得写作成了令不少学生头疼的事。

庄子有云:天地有大美而不言,四时有明法而不议,万物有成理而不说。学生写作许多时候亦如此,它等待着老师的发现与发掘。学生不是没有生活,只是学生没有注意生活;学生不是没有生活积淀,只是学生的生活积淀没有被唤醒;学生不是没有面对生活的情感与思考,只是我们没有送给他们表达情感与思考的真正空间与机会。

学生的表达热情,是需要教师在写作教学中去发动的。唤醒学生表达的欲望,唤醒学生沉睡的记忆或真正的思考,唤醒他们对文字表达的热情,对写作教学来说非常重要且十分有意义。

一、写作目的:应试迎考? 生命成长?

教学实践中,语文老师有时会发现有的学生考场作文写得不怎么样,但随笔却写得非常好,究其原因,固然因为应试作文有诸多限制,包括命题、要求、评价等,遏制了学生的思维。但更大的原因在于学生在写作中,表现出来的更多是屈从与迎合,是完成与应付,是自我的缺失与疏漏。写作,对学生而言,更多是一种"无我"式的任务。而随笔对学生而言是一种特殊的写作,或者说不是"写作",因此随笔成了学生抒发自我情感的心灵园地。这反映出某种程度上学生对于写作意义往往理解为是考上理想大学的重要条件,除此以外,写作的意义,学生恐怕未必知道多少。

如若学生从生命内部便不想表达,不愿表达,不能表达;写作目的仅在于获得高分,那么面对的只是外在强大的压力与不得不面对的残酷现实,学生要拥有并保持表达欲望,在笔者看来是很难的。写作这件事之所以可以有效发生,根本的动力来自于一个人内在的表达愿望;而内在表达愿望的产生与学生对为什么要写作,对写作的意义与价值本身的理解与认识密切相关。因此,写作教学中要唤醒学生表达的欲望最重要的是让学生明确写作的意义和价值。

写作即生命成长,在生命成长中自然而然地倾吐与表达。生命成长与写作表达相辅相成。生命成长为写作表达提供源源不断的能源与内容,写作表达促进学生对自我生命成长不断的体悟与确认。即:在成长中,才能写好;在写作中,学生获得内部成长。

写作中我们要为学生的自主写作提供有利条件和广阔空间,减少对学生写作的束缚,鼓励自由表达和有创意的表达。随着年龄的增长,学生不断地经历,观察并发现自然、生活、社会与自我,开阔眼界、丰富情感、反思自我,生命不断成长。我们应该注重让学生在活动中作文,在作文中学会创造,学会做人,从而让作文链接学生健康的生命,促进学生的写作过程与生命成长过程的和谐发展。

比如作文命题。日常的作文命题,常常是简单照搬考试命题的形式,而这样的命题往往很难激发学生的写作兴趣。王吉安在《从写作理论看当前作文教学的偏失》一文中指出:"作文的命题和拟题要从学生实际出发,一要激发学生的写作兴趣,让学生愿意写;二要关注学生的内心世界,让学生写真情实感;三要贴近学生生活,让学生能有话可写。"我们要研究真正具有心灵质地、情感质地、思想质地、语言质地的命题,要让学生感受到,对于题目,我说了我想说的话,表达了我的个人见解。

学生在成长的过程中能够,渐渐理解到"人"与写作更内在、更必然、更重大的关系后,表达的欲望被真正激发并长久保持,写作这件事才可能在学生的生命里巍巍耸起隆隆发动。自此,写作将得到空前的发展,学生的生命内部也会得到真实而重要的成长。

二、写作情感:生活贫乏?"空心化"倾向?

很多人包括相当一部分高中生都认为缺乏写作冲动的主要原因在于"生活贫乏"。进入高中学习,每说起个人生活,学生总埋怨"两点成一线"或"三点成一线",认为这样的生活单调、枯燥,记写生活,总习惯于写流水账,写作时经常有"无米下锅"的烦恼。

但同时,我们也看到:身处一个资讯空前爆炸的时代,学生通过多种渠道获得大量知识、经历多彩生活、体会丰富情感。有识之士敏锐地提出我们的学生被芯片、薯片、好莱坞大片所侵袭。艾略特在《四个四重奏》中忧虑一代人的"空心化"倾向性,我们甚至开始担心学生的心被过多的知识空心化了。

学生的心真的是一片荒漠吗?在美国人海斯勒的《江城》一书中,如是写道:他把莎士比亚十四行诗第十八首全盘打乱,然后把破碎的诗行给学生,让他们重新排序,他本以为这是不可能完成的任务,但学生成功了。他们反复读这些诗句,轻轻地在桌上打着拍子,他们仿佛听见了莎士比亚情感的流动——我可能把你和夏天相比拟?你比夏天更可爱更温和:狂风会把五月的花苞吹落地,夏天也嫌太短促,匆匆而过……海斯勒于是相信:学生的情感没有消失,只是深埋,而我们要做的事情就是想方设法将学生"唤醒"。

写作心理学研究表明:作文所涉及的内容主要是储存在作者长期记忆里的各种信息。这些信息有的是平时积累的各种生活经验或人生阅历,有的是阅读思考及各种见闻。

学生的生活贫乏固然跟生活范围狭窄和缺少亲身经历有关,但更重要的是没有去用心感受生活。写作行为的发生,不仅仅在于外在的生活,更重要的是经过作者的内心体验,加工筛选、提炼再造的生活。著名学者裴斐说:"文学创作的关键并不在于有没有生活——谁也不是生活中真空之中——而在于有没有对生活的特殊感受,要没有感受,生活再多也是白搭。"很多时候,学生并不缺乏生活经验,他们缺乏的往往是对于生活的一种"心理体验"。著名作家张抗抗在接受记者访谈时也曾认为:人们对生活与创作之间的关系有一种误解,似乎只有自己亲历的才是生活,其实,生活无处不在,"感受的经历比亲历的过程更重要,自己的心灵能否去感觉它,才是最重要的"。

王栋生老师的《你的生活是大地——我的一堂作文课》课例[1],就是一个唤醒学生关注自我生活、关注自我心灵的成功案例。王老师用"今天早上看到些什么""天气如何""早晨吃了些什么""每一棵树都有故事。这棵树是谁种的?"等问题与学生对话,用一些最细小的生活细节、生活琐事、常识性的问题来唤醒学生的记忆,诱发学生的联想,进而启发学生思考,使他们深入自己的心灵,从平凡的生活中"想"出不平常的体会,让再平常不过的生活场景给学生以启示和感悟,并由此让学生的内心产生表达的愿望。

除此,通过阅读激活或者补充相关生活体验也是一个丰富情感体验的有效路径。别人的文章写的是别人的生活经验和感悟。经验告诉我们,这些写到别人文章中的细节、物象、生活本身,可以触发我们相关的生活体验。我们看历史书、读小说、散文、游记,甚至是看电影、电视、聊天等都可以扩充我们的见闻、阅历,这是补充学生生活经验和写作经验的又一个重要渠道。

蒋勋在《美,看不见的竞争力》一书中认为,人都是有"记忆的库存"的,学生看见美好的东西不是一下子都能反映出来或是有所感悟的,教者所做的就是帮学生将这些美好的东西从记忆的宝库里发掘出来,为他们创造一个爆发的成熟时机。美国人海斯勒的《江城》一书中所做的就是将学生对美好诗歌的感受力唤醒。唤醒情感,就能激发兴趣。

面对"生活贫乏",教师何为? 教师应该是"美的库存"的播种者,是"美的库存"的唤醒者!

三、写作表达:方法技巧? 情感思考?

有了表达的欲望,我们面临的问题是如何恰当地把自己的情绪表达出来,或深或浅、或叙或议地倾诉出来。于是有些写作课堂上热衷于传授所谓的"写作知识"或"方法技巧",如何"审题、谋篇、行文、润色",如何做到"构思要巧妙,立意要独到,语言要生动,技法要高超"等,这些知识或技巧往往是概念性的、去情境的、公共性的,是较难直接转化为每个学生的"写作能力"的。同时,这些"方法技巧"的传输和训练,在实际操作中却直接导致了学生作文普遍呈现"新八股风"(情感虚假、言之无物、千篇一律)的特点。

比如上海师范大学副教授于龙在《困惑与出路:写作教学的原点思考》[2]一文中介绍了一节"人物外貌描写"写作教学课,"上课的基本思路是这样的:呈现写作知识和写作例文,让学生学习知识、观摩例文、总结规律,然后进入写作活动。"于教授指出:"这种设计的问题很多,比如教学目标不清晰、教学内容较庞杂,比如'知道怎么写'不等于'自己会这样写','研习好文章'也不一定导致'写出这样的文章',总结和明确了'写作规律'更不一定能'掌握和运用这些规律'。"

连中国认为"写作中的方法是学生生命不断成长中的方

法,是'人'不断发展中的方法,是'人'为了表达的需要自然而然找到并运用的方法,是为了实现表达的欲望而自我谋求创造出的方法。"[3]方法是学生在写作中主动探寻到的,而不是靠老师总结出来,像交付一件东西那样给学生的。如果我们日常写作课的教学内容充斥的都是方法技巧的教条传授与机械训练,长此以往,如何能激发学生的写作热情?

《中学语文教学》曾刊登过郭凯、郭金燕两位老师的课例《品味孤独、体验成长》[4],为了让学生将"孤独"这种情绪书面表达出来,郭老师让学生阅读分析曹文轩的小说《独孤之旅》,体验课文中"设置特定的生活环境""选取具体而典型的事物""细致描绘"等写法,郭老师的高明之处更在于,它不仅仅引导学生揣摩作者的写作技巧,还将学生的生活体验和写法体验融合在一起进行,让学生述说自己的经历还说说打算采用的写法,这样学生不仅有东西可写,也知道如何去写了。

可见,写作知识或方法技巧本身无错,错的可能是我们老师的"教授之法",我们应该将技能技法的讲述与学生的生命成长联系起来。任何"方法技巧"都必须是学生拥有了表达欲望和写作情感的前提下,才能在实践中去感悟、内化成为自己的写作技能。教师将"方法技巧"的指导与"人"的存在有机结合起来,即教师在关注学生思想情感和其主体性的基础上,逐步做到让学生先"动情"再"入理",然后"得法"。这样才能化"要我学"为"我要学",才能真正激发学生的写作热情。

综上,教学生为什么要写作,明确写作的真正意义在于生命的成长,关注生活、用心体验,激活学生冰封的生活经验,补充缺失的生活经验,催生写作的欲望和冲动,使学生学会了写的方法,这样学生不仅"想写",而且"有东西写""会写"了。

参考文献

［1］ 王栋生.《你的生活是大地——我的一堂作文课》,《中学语文教学》,2009 年第 2 期.

［2］ 于龙.《困惑与出路:写作教学的原点思考》,《语文教学通讯》,2011 年 3 月 C 期.

［3］ 连中国.《写作里的唤醒与确认》,《语文学习》2015 年第 5 期.

［4］ 郭凯、郭金燕.《品味孤独、体验成长》,《中学语文教学》,2011 年第 10 期.

用日常化写作激发学生写作兴趣

姚源源

一、关注写作心理,聚焦兴趣激发

在作文教学中,我们往往更注重写作方法和技巧的讲授,对学生写作篇章、语言的指导,却往往忽略了对学生写作心理的关注。写作是一个启之于心,发之于情的表达过程,在学生的写作中,动机的激发、情感的参与、意志力的强弱、性格特点的表现,都具有值得重视的作用。所以,我们在写作训练过程中必须关注学生的心理品质,既让学生的写作能力得到正常发展,又要把学生培养成身心健康、全面发展的人。

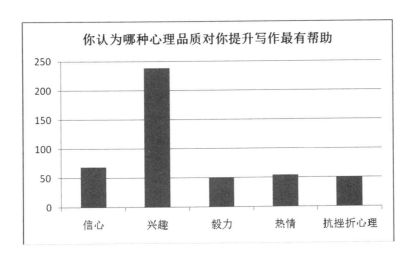

49

在"聚焦中学生'写作成长'心理品质的教学改进研究团队"行动之初,我们做过一个针对中学阶段各年级学生的写作心理问卷调查。调查显示,心理品质中的"兴趣"对写作最有帮助。

而且,调查显示:对写作的厌恶情绪,从六年级到高三,呈绝对的增长态势。这样的调查结果,足以引发教师的思考。

长期以来,教师在作文教学中,往往会把写作方法指导放在第一位,从审题、立意、选材、结构、表达等方面去讲解指导。从调查显示的结果来看,我们是无意中屏蔽了写作最重要的主体——作为"人"的学生。

从缘起来说,写作应该是一种自然的内心表达,教学心理学告诉我们:人类皆有发表欲。从渴望向人倾诉到抒写内心情感,都是发表欲的表现。但是,为什么我们的学生渐渐不爱用文字发表了?而且越到高年级,兴趣和欲望越低?他们一定是在某些方面受到了压制。反观我们的语文教学与学生的写作状态,可以看出写作活动与它本原的背离。从学生写作心理的需求来看,兴趣也是他们认为最重要的动力。

所以,如何将学生对写作的需求还原到最初的发表欲,让写作成为内心情感的表达,并成为一种内在自发的驱动力?我开始思考这个问题,并寻找机会开始行动。

二、抓住教育契机,开启日常化写作

去年12月,我偶然在网上看到了一篇以前的学生孙婧妍写的文章《语文于我》(后来有的媒体把它改成《高考语文148分是这样炼成的》)。孙婧妍是2013年北京市高考的语文状元,成绩148分。她那篇万字文回顾了自己的语文学习,主要讲述了自己对阅读与写作的热爱。她对语文的界定是:有关素养,无关应试。

我把这篇文章印出来,用一节语文课让学生安安静静地读,学生们读得热血沸腾,激动不已。文中提到,她对写作的兴趣和习惯来源于初一时老师要求每天写300字,她一直保持着,每天都要写一些东西,后来越写越多。学生们读完以后,马上就有两个人来跟我说:"老师,我也想每天写三百字,可又怕自己坚持不下来,您就要求我们写吧!"我随便问了一句:"你们真的想写吗? 哪些人是真心愿意写的?"当时很多同学特别激动,纷纷说:"我想! 我想!"还有人为了表决心,说:"老师,我今天就写!"

当时,我一下子觉得,等待多时的机会终于来了,我要利用好这个机会,抓住学生的兴趣和热情,开启日常化写作。所谓日常化写作,就是让写作成为每天都做的日常之事,不同于正襟危坐考场应试之作,而是随时随兴写作的随记随感。这样的写作,应更切合写作的本质,也更受学生喜爱。在学生爱上写作之后,再指导写作方法,更能达到教学效果。

于是,我当时没有拍板定下,反复提醒,"这不是一时热情,一旦写就要一直坚持下去的!"然后说:"你们都考虑考虑,明天我来统计人数。"第二天一大早,有两个学生就给我交来了昨天写的文章,以示决心。语文课上,我先强调了每天写300字的意义和困难,让所有同学深思熟虑,然后统计愿意参加活动的人数。手一只只举起来,有坚决的,也有犹豫的,最终数出来是36人。这个数目已经超出我预料了。于是,我宣布,我们的"300字团"成立!

我想,既然学生自发地有了写作的激情,那么就应该带领他们体验写作的本原——抒写内心情感,表达自我。于是,我立下宗旨:"写真话,抒真情,不限体裁,不限内容,风雨无阻,坚持到底!"同时,我提出了一个宏伟的目标:至少坚持到初中毕业,最好能够坚持终生！

记得那节课，师生都热血沸腾，很多同学在当天写下了加入"300字团"的坚定决心与豪言壮语，第二天读得我热血盈眶。一位学生当天写下这样的文字："今天是我人生中最重要的日子之一。今天，我加入了'300字团'。这意味着，一支队伍从今天起，将风雨无阻，持续不断的每天写300字的日记。不知会有多少人在路上跌倒，又会有多少人到达终点，也许几年后便见分晓，也许是几十年，又也许是终生。我希望大家都能到达终点，不因一颗绊脚石而跌落深渊，要说到做到，言而有信。这是一次挑战，看似简单却又困难的挑战。可以预料，这一路肯定有崎岖、危险，还会有一路风雨，但风雨过后一定会有彩虹。我们将要去拥抱彩虹！从现在开始加入的人，既然无法回避，那就去感受、去体验、去行动、去热爱。化困难为春雨，化飓风为微风，化压力为动力；不怕困难，不怕遥远，不怕压力，爱上写作。"自此，我的日常化写作教学正式开始。

学生的热情是我们要牢牢抓住的东西，因为热情往往是兴趣的触发点，是动力的起源。

三、指导日常写作，强化写作习惯

加入团队绝对是一时热情，老师要做的，就是不断"煽动"他们的热情，让它们一直燃烧下去，并帮助他们越烧越旺。对这种日常化写作的指导，我做了以下工作。

1. 经常在语文课上点评他们的三百字，尽量多给他们写评语。很多同学说，就是为了得到老师评语才好好写的。于是我每天花大量时间来认真阅读给出评价，或与他们交流。当发现写得好的文章，我会标记一个笑脸，与学生约定好，看到笑脸就回去打成电子版。

2. 将优秀文章推荐到学校的公众微信平台"300 字团"栏目，每天推送，让他们的文字有更多的受众，老师、同学、家长都能看得到。这样，学生的写作热情又进一步被调动起来。

3. 在写作热情之下，进一步指导写作方法。首先，强调要写真话、抒真情。鼓励学生从生活中找素材、体验生活中的情感。引导学生把目光放到日常的生活中，把校园里、教室里发生的事作为他们写作的主要内容。因为每天都要写，他们会睁大眼睛，在学校里、放学回家的路上、回家以后，努力去寻找、去发现。然后，引导他们去体验生活、感受生活。当他们的观察力、感受力提升以后，发现生活中原来有那么多值得品味的事情和情感，写作内容自然就丰富了。对于那些表达自然，言之有物的文章，在语文课上大力表扬宣读，造成示范效应。最后，再针对写作语言在课堂上做一些训练。

4. 激励学生每天坚持。在学生找得到写作素材，又被鼓励着去写时，写作就变得不那么困难了。其实，更难的是坚持每天写，最难的是在假期里也坚持每天写。因为在学校，生活相对丰富，假期学生的生活大多是孤单乏味的，要坚持下来确实不容易。在入团之初的激情中，迎来了期末考试和"300 字团"的第一个寒假。紧张的考试中，放松的寒假里，学生们能不能坚持写作，我是没有底的。只有在放假前叮嘱了一番，重申了我们"风雨无阻，坚持到底"的宗旨，但到底有多少学生能坚持下来，我也不抱太大希望。开学报到那天，学生们着急的催促："老师，快收三百字！"我全部收上来，让小组长帮忙检查篇数，考试加寒假一共有 40 多天，居然绝大多数孩子都一篇不差！于是，我"悲剧"的一开学就忙于读这 1400 多篇小文章。文章的质量良莠不齐,也不是完全没有应付之作,但最大的收获是他们的坚持。这样的胜利对学生的写作习惯形成有巨大的激励作用。经过那个寒假,上学期间的写作坚持变得更加容易。许多孩子每天已自然地把写作变成了一项固定作业,慢慢更变成了一项生活内容。有的孩子说,每天睡前写300字成为了一天最幸福的时光。写作习惯就这样一天天养成了。

四、感受写作之美,收获成长财富

到初中毕业,35个学生整整坚持了两年半的时间,每个人都写作了近1000篇,最多的孩子写了满满八本,约80万字。在初三最紧张繁忙的时刻,我曾让他们根据情况放松一点,少写几篇。但坚持了两年多的孩子们舍不得放弃,一个团队的荣耀感,一个坚持到底的信念,让他们一直坚持到了毕业。分别那天,每个学生交了两篇关于中考、关于毕业的文章,我把它们结成一本毕业合集,"300字团"完美收官。一周年、两周年的纪念日,我都为团员们准备了纪念品,而这本毕业合集,是他们给我最有意义的纪念。

对于"300字团"这个活动,学生们认为,这是他们初中生涯里最有意义和价值的事。回顾这两年半,他们感慨万千,写下了内心深处的感受。

"在漫长的暑假里,曾不止一次想要放弃,幸好再难每天也坚持下来了。其实,现在看三百字,它更像一个个生活的场景,一点点凝聚在我们的笔下,'润物细无声',像雨水一样渗入土地里,滋润着每一天的生活。回想写作的每一天,虽不轰轰烈烈,但一直闪耀着两个大字——'坚持'。"

"通过三百字,我学会了发现。每天写三百字,需要在生活中寻找素材,最难是在假期,不像在学校里会发生那么多事情,平淡无奇的日子很少有素材。因此这更加需要我睁大眼睛努力去发现平淡生活中的不同之处,从而把三百字坚持下来。在不断地坚持和寻找素材中,不知不觉我们爱上了写作。"

"大家说,三百字从任务,终变成了习惯。我要说,三百字,它应是变成了足够信任的朋友。生活中的事是有限的,而人的思想、情感是无尽的,你大可对这位朋友倾诉,它不会倦你,不会厌你,只是静静地在那,微笑着接受你的所有情绪,它也是媒介,是我与我自己谈话的转达者,因为三百字的存在,我仿佛是见到了另一个自己,交谈、争论、分享、劝告,自己扶持着自己,在成长路上,才愈行愈远。"

"三百字,带来的是坚持,是希望,是奋斗的汗水,是成功的喜悦。即使没有毅力坚持一生,但只要,你是为它奋斗过的,那不也足够了吗? 无论何时何地,三百字,永远都在这里,记录着属于我们的青葱岁月,将我们年少时最美好的时光定格为永恒……"

"三百字是人生路上一笔极其珍贵的财富,它不仅教会我如何写作,更教会了我坚持,让我明白其过程之艰辛与其果实之甜美。更重要的是,三百字团使我懂得了写作之于人生的意义。"

……

从学生们的感言中,可以看出,他们享受这凝聚着汗水和心力的两年半,享受写作带给他们的幸福成长。到后来,根本不需要老师的督促,在日常化写作中已经产生了对写作的兴趣,甚至对写作的依赖。已经毕业的他们,在各自的高中继续学习,完全不畏惧写作。最近还在群里通报,纷纷在各自的学校里参加作文竞赛获奖。写作水平的提高是一个缓慢的过程,但成长中对写作的热爱、写作习惯的养成是更为宝贵的。

日常化写作是一个艰难、漫长的历程,主要就在于对学生写作热情的激发和维持。用一个信念、一个环境去激励、熏陶,让学生内心生发出写作的欲望,再形成习惯。我用三年时间做了这样一个尝试,自己也收获了珍贵的教学体验。

积累与应用

初中学生写作素材积累的研究与实践

孙　凤

一、初中学生作文教学现状的研究

1. 研究起因与目的

研究起因：了解初中学生作文的现状是语文教学至关重要的部分。目前学生的写作存在着素材缺乏、情感淡薄、训练无序的情况，使得作文教学与作文训练处于"低效率"困扰的状态。过去的写作教学存在着两个方面的问题，需要引起我们足够的重视。一是由于对作文教学的性质和特点认识不清，混淆作文训练和文学创作的区别，忽略了学生作文这一特殊实际。二是片面强调写作技巧的传授，忽略了学生的心理实际，难以充分而全面地发展其写作能力。

在学生的写作中，动机的激发、情感的参与、意志力的强弱、性格特点的表现，都具有值得重视的作用。所谓"巧妇难为无米之炊"，学生发现写作素材的能力更加值得关注。在写作训练过程中必须关注到学生的心理品质，既让学生的写作能力得到正常的发展，又把学生培养成身心健康、全面发展的人。

研究目的：将中学生写作成长过程中存在的心理品质作为研究焦点，追根溯源，进行深入的原因分析，从而确定解决策略，并改进教师作文教学中的行为，实现中学生写作成长过程中的快速提升、快乐写作。

2. 研究方法

文献研究和调查研究法:在教学实践中,及时了解和发现中学生写作语言表达能力的现状。学习和研究他人理论,吸收课程改革以来的实践、反思与总结经验。

教学实践研究法:在课堂教学中实践、反思、修改、完善课题的研究方案与研究方向。两种研究方法相结合,通过理论结合实际,清晰而有效地呈现研究内容。

二、现状问题突出,学生写作素材积累缺乏

调查问卷显示,学生写作兴趣缺失与素材积累缺乏的现实问题突出。查阅了777份调查问卷,其中第11题,写作心理流程中,哪一步让你感觉最困难,选择搜索、提取记忆库信息和激活、捕捉记忆库中存储的写作模式以及语言表述的百分比都较高,分别到达了65%、54%、51%。第14题针对那种心理品质对学生提升写作最有帮助? 选择兴趣的比例很高,达到72%。

可见,中学生的写作热情激发还远远不够;写作的素材积累的意识也很缺乏;老师培养学生习作心理品质的培养方式也缺乏序列行性与科学性。

写作兴趣缺失,素材缺乏的相关调查问卷题目涉及:第10题,你一般通过怎样的途径获得写作素材。其中人际交流的选择比例很低,约占22%。网路资源占40%。第18题,写作前你喜欢老师这样指导:其中创设情境,激发灵感比例较高,达到67%。

灵感思维活动本质上就是一种潜意识与显意识之间相互作用、相互贯通的理性思维认识的整体性创造过程。灵感不是神秘莫测的,也不是心血来潮,而是人在思维过程中带有突

发性的思维形式长期积累、艰苦探索的一种必然性和偶然性的统一。

可见,学生试图希望老师能够激发自己的写作灵感,但往往会忽略生活中本身有质量的素材积累。缺乏一定的生生交流、师生交流、家长与学生的交流比例。

三、学生写作素材积累缺乏的原因

1. 练就发现的眼睛,教师培养意识不足

作文难,主要难在写作素材的积累。积累写作素材,需要学生拥有一双发现生活的眼睛。练就发现的眼睛,贵在教师的有效引导与培养。叶圣陶先生曾说:"生活如泉源,文章犹如溪水,泉源丰富而不竭,溪水自然活泼地流个不歇"。的确,生活是学生写作素材的源泉,生活中写作素材俯首可拾。校园内外的生活与活动,这些是学生宝贵的写作素材与积累经验的重要内容,教师在日常教学中的引导与培养不够充分。在对外部世界操作活动中,如"选择、组织作文材料的操作"是学生在写作过程中必须经历的步骤。所以,老师的正确引导与培养更为迫切。

作文心理结构在本质上讲就是学生在学习写作过程中形成的认知结构,它是学生在感知及理解客观现实的基础上,在头脑中形成的一种心理结构,它是由个人过去的知识经验组成。

教师需要给学生正确而有效指导,练就学生一双善于发现生活的敏锐眼睛,调动学生的内驱力,激发学生写作的最佳心态,学生就会产生极大的能动性和极强的写作欲,写作才能达到事半功倍的效果。

2. 学生惰于动笔,写作存在畏难情绪

有的学生对自己的要求不高,平时懒于动笔,对老师写作的要求常抱有"应付"态度和"混过去"的想法,有得过且过的心理。课堂上的表现也是懒于发言,更多地依赖于他人动脑思考的结果,再源于他们对生活的感悟与捕捉能力欠缺,积累素材的意识与能力欠缺,他们在写作上存在的畏难情绪就会更加严重,如此就进入了恶性循环的过程。

本次调查问卷的最后一题:请说说在你开始至今的作文经历中,记忆最深的是什么(比如一本书、一个人、一件事……),请简述理由或过程。有一个学生这样写道:有一次,老师让我们写成长的桥,我觉得有难度,写不出什么东西,也缺乏灵感……

如果每一次学生写作困难时都归因于没有灵感的话,这是学生一种错误的认知。生活是写作的源泉,许多喜欢写作的学生大多勤于动笔、勤于思考。学生需要克服自身的惰性,养成勤于动笔的好习惯。老师不仅要引导学生在源头活水中寻找和发现写作材料,更要帮助学生克服畏难情绪,帮助他们建立写作的信心。

所以,针对目前学生的写作畏难情绪,教师需要自己用学生的心理体验学生生活,目的是引起学生的共鸣。当教师敞开真诚的心灵,通过课文的实例和学生自己的写作实践,用教师自己的源头活水提升学生发现与积累写作素材的意识与能力。

三、提升学生写作心理品质,寻找激发学生写作动力的有效途径

1. 确立观察内容,循序渐进提升观察能力

生活是写作的源泉,教师尤其要重视引导低年级学生留心观察身边事物,充分感受生活,并不断积累写作素材。观察是吸

收,写作是表达。没有充分地吸收,就无从表达。收集写作素材是写作环节中的前提。全国义务教育《语文课程标准》(2011版)对于写作的要求这样写道:"多角度观察生活,发现生活的丰富多彩,能抓住事物特征,有自己的感受和认识,表达力求有创意。"可见,教师必须注重指导学生观察能力的培养。而指导学生学会倾注情感,提升观察品质,这将有助于学生表达出自己深切的感受和认识。教师必须要在日常教学中一以贯之这样的指导。

苏霍姆林斯基曾说:"观察对于孩子之必不可少,正如阳光、空气、水分对于植物之必不可少一样。在这里,观察是智慧最重要的能源。"可见,一切推理都必须从观察与实验中得来。

所以,只有先确立好观察内容,才能循序渐进提升观察能力。以学校、家庭、个人、社会为四个板块内容,按一定的周期进行深入地纵向观察;也可以确立相同的主题进行横向观察。引导学生勤于记录,丰富自己的感性材料。丰富多彩的生活实践,并不会自然而然地留在学生心里,成为写作素材。因此,教师要引导学生把平日自己做的有意义的事,以及自己看到的、听到的、想到的那些感兴趣的内容用各种方法记录下来。日积月累就可以大大丰富学生的写作素材。

例如:当学生仔细观察平日的好朋友考试失利时,那份观察后的想象更是细致入微。有学生在文中这样写道:"他一下子坐了起来,浑身似乎在冒着冷汗。他的头脑正如这场景一般杂乱不堪,终于等到了考试分数。他的数学只考了60分,60分哪!这分数正如幽灵般一直缠绕着他,让他喘不过气来,越缠越紧,怎么甩也甩不掉!它盘踞在他的大脑里,脑袋一片空白:该怎么去面对老师那严厉的目光,父亲那宽大的巴掌,母亲那无奈的叹息,同学们那轻视的眼光,他只能有气无力地坐在椅子上,静静地等待着……"这段描写无疑是观察者在观察中倾注了情感,并发挥了合理想象的结果。

叶圣陶在《怎样写作》一书中写道:"作文原是说话的延续,用来接济说话之穷,在说话所及不到的场合,就作文。因此作文自然应该单把经验范围以内的事物作为材料,不可把经验范围以外的事物勉强拉到笔底下来……所有材料都是自己的经验,这正是非常顺适的事。顺着这个方向走去,是一条写作的平坦大路。"

可见,写作的素材积累源于对生活的观察与思考。目前学生观察事物特点的能力欠缺;学生观察能力的培养循序渐进不足;学生观察能力的培养情感倾注也缺失。这就更需要运用多种感官观察与感知事物,提升观察的品质。

积极捕捉激发情感的观察对象,提升观察的针对性。在观察中需要捕捉观察的对象,笼统的观察会让观察陷于无序与针对性的缺失。而选择的观察对象若能激发学生倾注观察的情感,这样的观察针对性就更强。

鼓励学生注重细节的观察与思考,提升观察的深刻性。浅层次的观察往往只注意到事物外在的联系和表面特征。而深刻的观察却能透过现象看本质,发现事物之间内在的联系。而观察精确性弱的学生则容易遗漏对象的特征,只有由浅入深地观察,观察能力才可持续发展,观察的深刻性就能得到提升。

在教学中,需要结合观察细节,引导学生进入观察的针对性与深刻性。

2. 教师下水实践,关注学生生命成长

学生的习作,平时的生活与学习是随笔中的主要内容。每周一至两次的随笔,需要以一定的培养序列进行素材的挖掘。

教师从生活的体验、感悟出发,培养学生对生活的敏感。教师只有自己具备对新事物新思想的敏感,以自己丰富的阅历,鲜活的思想,向学生敞开真诚的心灵,才可能激发学生写作欲望。

刘勰在《文心雕龙》中说为文要求"从容率情,优柔适会",才能灵感勃兴,文思泉涌。所以,在写作中如果我们能更好地调动学生的内驱力,激发学生写作的最佳心态,学生就会有极大的能动性和极强的写作欲。

想起自己在执教《时光隧道》后,学生们对于成长中点滴的细节有了一定的感悟,明白人的成长是一个不断认识自己的过程。我对自己一段照顾母亲的记忆特别深刻。在以"成长"的话题作文中不由自主地写道:"不曾料想,我会一整晚一整晚地坚守在母亲的病床。一直享受呵护的我,竟会如此认真、细致地不错过每一个细节的照料,才明白有一种情怀叫责任。不曾料想,我会深深愧疚因一时的迁怒而伤害了他人,思考之后才明白悔恨不是生活的本来面目,既而勇敢地跨出了第一步,才明白有一种真实叫勇气……"当教师向学生敞开真诚的心灵,捕捉和表达对生活的敏感时,学生写作欲望也会被激发。学生们在"成长"的话题中也会更加注重体验生活,用真诚的笔写下了一段段成长的足迹。

"问渠那得清如许,为有源头活水来"。只有以敏锐的观察力,丰富的阅历,鲜活的思想,有热爱生活热爱学生的情感,以学生的需要为自己的需要才能激发自己不断下水的内驱力。教师的"下水"无疑会为学生树立观察体验生活,敏锐捕捉生活的榜样。以上事例中"成长"是一个永恒的话题,每一个都会留下不同的成长印痕。通过课文的实例和学生自己的写作实践,促使学生思考并逐步提升他们发现素材的能力。当教师勤于"下水",用自己的源头活水激活学生的写作灵感时,教师就会把与学生一起"下水"当做一种乐趣。

3. 阅读人文书籍,打造人文关怀的课堂

教师的劳动对象是人,是一个个活生生的具有不同个性的学生,教师的主要劳动工具是人,是涵盖着其全部人格、知识和才华的教师本人;教师的劳动产品也是人,是能够带着教师在他心中播下的种子,使之发芽、开花、结果,播撒更多的种子影响社会的学生。

教师要做到拥有对学生更多的人文关怀,教师先需要培养自己的阅读人文书籍习惯,拓展自己的人文视野,规范自己言行,真正走进学生的心灵。教师也要引导学生阅读优秀的书籍,让读书学习成为一种习惯。这要成为教师的一种责任、一种情怀、一种追求。

语文教学更应体现"以人为本"的教育理念。以人的和谐发展为宗旨,承认人的差异性、生活的多元性,因而我们的价值取向也应该是多元的。如果多元变为一元化,使丰富多彩变成单纯统一,那么就会产生荒谬、异化的现象。语文教学不能忽略人的关怀,背离了人格、人性,必然导致人的异化。浅层次的方法、手段问题,实际上反映了教育价值观的问题。教师应该承认教育方法的多元性和学习方法的多元性,因此其评价手段是多元的,其评价标准是层级性的,其管理是有弹性的,而不是绝对划一的。其目的在于促进人的自由和谐发展,而不是给学生以镣铐和束缚。

这让人不得不思考教育本源的问题。教育首先应关注的是人,关注人的情感,关注人的价值,关注人性的完善。作为教师,首要的素质就是拥有人文的情怀。教师的第一要素不是对教材的熟悉和教学基本功的过硬,而是"以人为本"的民主思想,教师的人文情怀,善待学生的自主行为,这才是教师对学生的生命之爱。程红兵老师曾列举了若干美国、日本等发达国家的教育现状。而日本教育中关于对学生历史知识的考核题型值得引起我们高度的重视与反思。

课堂上,如果教师眼中没有学生,只有他的教案。几十个鲜活的生命在教学过程中呈现的各种思维火花和活力被缺乏敏感的教师忽视,几十个活人围着死的教案转,那么这样的课堂是苍白的、令人窒息的。人文情怀是在一定的人文积淀的基础上所形成的对人的深厚情感。引导学生积极向善,理解他人,同情弱者,既关爱身边的人,又关爱民族、关爱人类。这样的人文气质才具有包容性和高度的团队责任感以及自我牺牲精神。

由此可见,教师不在于他教了多少年书,而在于他用心教了多少年书,在于他对学生的人文关怀付出的多少。

用"爱"的眼光去寻找与发现写作的素材,因为它就在我们的生活中。这一过程中写作能力的习得对于大多数学生而言需要一个漫长的过程。有心发现,用爱写作,学生才能拥有可贵的写作心理品质。

初中学生的写作素材积累需要先由观察发出,内心存有"爱"这一情感母题,伸出真善美的枝条。"真"是做人的根基,就是说真话、表真情、讲真实;"善"是文明之基,就是存善心、做善事、善待人、善播种;"美"是永恒的追求,就是美的人、美的事、美的景、美的物。学生的写作是在观察、发现中不断体悟"真"的本质,再到理解"善"的内涵,继而欣赏美,直至创造美,这是一个让自己也让别人感动的过程,也是学生由写作而成长的必经过程。

参考文献

［1］ 刘淼.《作文心理学》,高等教育出版社,2002 年 8 月.

［2］ 张天定.《写作心理学》,河南大学出版社,1999 年 10 月.

［3］ 叶圣陶.《怎样写作》,中华书局,2007 年 8 月.

［4］ 义务教育语文课程标准(2011 年版),高等教育出版社,2012 年
       2 月.

感悟真情,抒写真情

——中学生情感作文指导

王　玲

参加初三二模汇总,教研员老师就写作部分总结如下:中学生写作的文章条条框框太多,写作上常常挖空心思利用各种写作手法表现文章的独特性,忽略了真情实感,以至于部分中学生写的作文还不如小学生的。

在场的一线语文老师对教研员的看法深有同感。如今中学生作文确是"抒情粗糙、叙述平淡、情感苍白、无病呻吟"。亲情、友情原本是很贴近学生生活的内容,理应有事可写,有情可抒,有感可发,可他们的作文却空洞无物,缺乏具体、细腻、生动的细节,作文中多是絮絮叨叨、如流水账的叙述,缺乏"真情实感"的流露。甚至不少学生在作文中杜撰故事,使文章显得"无情""假情""寡情""矫情"。

中学生作文"真情实感少",究其原因:主要源于学生缺少对生活的细致观察。其次是缺乏生活感悟。大多数中学生,尤其是高中生,"两耳不闻窗外事",不关心时代,不投身社会,不关注生活,不用自己的真情对待身边的一切,无生活阅历和情感体验,缺乏生活感悟,因此写不出情真意切的美文,写不出让读者的心灵受到触动、产生同感、发生共鸣的"情文"。

要想让学生作文不"缺情",教师要引领学生观察生活、体验生活、感悟生活,有了丰厚的生活积累,真情的抒发才有基础。

另外要让学生叙真事、抒真情,"我手写我心",这样,作文才感人、才动人。

下面以我指导学生作文一例,分享教学过程中的点滴感悟。

【例文】

我怎么没有想到

陈俊宏

黄昏,独自走过那熟悉的车库,那辆苍老而又硬朗的自行车在夕阳下闪着金光,显得格外耀眼。我的思绪也不知不觉地飘向了那段难忘的往事。

小时候,爷爷就是骑着那辆自行车,每天早晚接我上学、放学。他有博学而又开朗的性格,使我每天都能学到不少的知识,因而在爷爷自行车后座时是我儿时最快乐的一段时光。每天他来接我,我便会和他分享我在学校里发生的趣事,而他每次都是满脸堆笑地听着,显得格外在意,他也不忘在适当的地方给我加以适当的教诲:"这样做不好,如果能更加努力一点,就可能不是这个结果了!"虽然那些话语在当时有些深奥难懂,但也足以让我受益匪浅。

这样愉快的时光到初中戛然而止——我忽然觉得长大了,这种感觉也让我好强起来。与爷爷在某些观点上的歧义使我和爷爷的关系出现了裂痕。我开始厌烦他对我灌输的古板教诲,开始疏远他,最后我决定每天走路回家。

我向爷爷提出了这个请求,他只是深深地叹了口气,对我说:"好吧,咱孙子长大了,能自己走回家了,也算是独立了,好啊……"从此,那祖孙俩在自行车上有说有笑的温馨画面消失了,变成了一位青春焕发的少年和一位独自叹息的白发老人。

又过了几年,我每周只去爷爷家一次,而他在那件事后越来越显得苍老无力,好像开始不愿与人交谈。妈妈也感觉到了这种变化,问我怎么回事。当我向她讲解那件事后,妈妈告诉我:"那是你对他的冷淡让他变成这样的啊!"

是吗? 我怎么没有想到?

"其实爷爷一直把你当成最要好的朋友:接送你,让他有亲近你的时间;你的故事带给他快乐。现在,你不用他接送,还嫌他古板,他当然不高兴了!"

原来是这样,我真的没有想到!

第二天,我便向爷爷道歉。并提出让爷爷早晨跟我一块走路上学,他当然欣然接受了。

这样以后,每天早晨,马路边又多了一对谈笑风生的祖孙。

我以前怎么没有想到,爷爷是这样地爱我,只求能陪伴在我身边! 爷爷的爱真伟大!

指导步骤:

一、发觉闪光点

1. 选材很好

亲情,应该是最接近学生生活的,尤其是现今独生子女的时代,家家视孩至宝,一家六个长辈围着小孩转。尤其是年轻的家长,自己没有精力、能力照顾孩子,就由爷爷奶奶、外公外婆照顾,甚至培养,隔代的亲情更浓、更腻(溺),提笔写作,这自然就成了最熟悉的选材:有生活、有真情!

2. 思路较清晰

全文按照时间顺序,继续了爷爷小时候用自行车接送自己上学,我长大后不用爷爷接送,我回心转意再争取与爷爷相处的机会,最后我真正长大后体会爷爷爱我的心情。内容很完整,情感的波折也很符合题目"我怎么没有想到,由"没想到"到"想到"的变化过程。

二、诊断文病

1. 观察不细致,导致情味不浓

即便这样熟悉的内容,写来仍然很乏味。祖孙两人骑在自行车上的情景,应该很温馨,作者没有刻画出来,只用一句"因而在爷爷自行车后座时是我儿时最快乐的一段时光",没给读者具体的美好画面。

2. 感悟不深刻,致使情味不真、不深

小时候我喜欢爷爷、崇拜爷爷,与爷爷相处美好是真;觉得自己长大了,嫌弃爷爷,就不可能过多关注他的沉默寡言、闷闷不乐了。如果这样,我后来的悔改和顿悟就只局限于我的态度问题,其实应该是认识上不断成长成熟才对。所以,这样写来不真实,也不深刻。

记叙语言过于平直,繁简不适当。主体立意的挖掘还应从自身出发。

三、研讨修改策略

本着发扬优点,写出真性情的原则。

第一刀:既然要写亲情,那展现亲情的温馨画面必不可少。我坐在爷爷自行车后座上,爷爷怎样骑车,我们怎样聊天,周围的景物如何,整体的画面感要描绘出来,要让读者有身临其境之感。

步骤:

1. 要求小作者沿着来去学校的路,步行几次,仔细观察沿途的风景,选取自己觉得环境和心情最符合的一段路,利用上学

72

和放学的时间,再骑自行车感受,然后描绘来回路上的风景,使文章真实又有动感。

2. 回忆我坐在自行车后座上时发生的故事,能渗透出爷爷的生活阅历或文化特征的,通过对话形式具体写一写。

第二刀:细节刻画,用具体的动作、神情,刻画人物。如:爷爷接送我时,怎样的动作、眼神,后来又通过哪些行为看出他的落落寡欢。我在妈妈提醒之后,自责愧疚,又不知如何是好的心理刻画。我与爷爷重归于好,看到爷爷欢快的模样时的内心感受。把这些刻画出来,文章就充满情味。

步骤:

1. 具体指导学生放学后观察来接小学生的家长,尤其是祖父辈儿的,看看他们都有哪些动作和语言,那些画面令你感动,记录下来,观察半个月,选取与自己经历相似的,有表现力的画面描写。

2. 引导学生站在爷爷的角度体会一下:那么爱自己的孙子,每天接送不觉得辛苦。可是孙子长大了,不再需要自己,还嫌弃自己,多么伤心。可是这份伤心似乎又无处说,不能说,只有悲伤、叹息、落寞。那是怎样的叹息和感伤,如果能够通过爷爷的眼神和动作表现出来,文字才能触及读者心灵的一角,作品的影响力该有多么强大!

3. 顺着这个思路,当爷爷再次接到邀请,那被唤起的爱和激情,会瞬间点亮整个世界了。因为思考和感悟,能让你捕捉到生活中有血有肉有情感的瞬间,他们的真情都在细微的语言、动作、神态中。

第三刀:观察生活、感悟生活,再就是抒写真情。结尾处可以把自己的心里话大声喊出来。水到渠成的感情宣泄,给文章恰当着上浓重的感情色彩,也让读者畅快淋漓。

【修改稿】

我怎么没有想到

陈俊宏

"爷爷,爷爷,我来了!"

我欢快地奔向校门口还在张望的爷爷。看,爷爷的脸笑开了花,嘴里还怪怨我:"慢点,慢点,急火火的,还怎么学张良的运筹帷幄……"自然地接过书包,拉起我的小手朝我们的"宝马"走去,这可不是一般的"宝马",是极为"拉风"的超级自行车!

爷爷把书包放在前面的篮子里,左手扶着自行车把,弯下身子,右手臂揽在我腰际,一下就把整个人抱起。我也很配合,在爷爷松手的瞬间,分开两腿,稳稳地坐在有海绵的坐垫上。

"走嘞!"

随着我的吆喝,自行车启动了!"爷爷,今天就给我讲讲张良的故事吧!"

"那是秦末汉初的时候,汉高祖刘邦有一个谋士叫张良……"

"汉高祖是谁?""刘邦。"一辆汽车驶过,我听不清了,爷爷不得不回过头来说,自行车就不停地颤动,我更加兴奋,两条腿向后瞪着。爷爷觉得这样太危险,就转过身正儿八经的骑自行车。我哪里耐得住好奇:"爷爷张良怎么了?"

"回家再讲!"

我于是故伎重演,把腿蜷起来,跪在后座上,身子贴在爷爷后背,两手死死地抱住爷爷的脖子,"爷爷,这下你讲吧,我能听清楚了!"

"张良并非体魁雄伟、英气非凡的人物,而是貌若妇人的文弱书生,但是他用兵如神……"

爷爷是我心目中智者的化身,他的叙说使我豪气满怀:夕阳的余晖洒在路上,路面、树上、小区房子都漾开了一片红晕。风吹过,衣襟荡起,我俨然是一位智勇双全的英雄,驰骋沙场……喊着、叫着! 做英雄的情结深埋在少年的心中。

这样愉快的时光到初中戛然而止——徜徉于科幻小说和网路游戏的我,觉得自己长大了,觉得自己比任何人都有能耐,爷爷的唠叨很烦,张良再怎么运筹帷幄也敌不过我打怪兽的神器;甚至觉得和古板的爷爷走在一起,很尴尬很难堪。

"爷爷,你不用来接我了,我自己能回家……"我终于鼓足勇气把这些话吐出来。爷爷开始一怔,随后说:"好啊,好啊! 咱孙子长大了,能自己走回家了,也算是独立了,好啊……"

我和同学并排着走在回家路上,吃着可口的零食,炫耀游戏的级别。到家后随手拿出自己钟情的流行小说,那梦幻奇特的美丽深深震撼着我;雪月风花,刀光剑影的岁月更是让我如痴如梦,真是快活极了!

一两个月晃过去了,与爷爷见过三四次面吧。匆忙中瞥见爷爷很是憔悴,看见我,那脸上立刻露出些笑容,张开的手臂在半空无力地落下,摇了摇头,转过身,缓缓走去,那一声声叹息和越拉越长的影子,撩得我心中难受,仿佛有千万只爪子在挠;他似有千言万语要说,却又紧闭起刚刚微张的嘴巴,真是让人压抑!

记忆中爷爷那炯炯有神的双眼,那张良式的意气风发、英武非凡……哪里去了? 我问妈妈。

"那是你对他的冷淡让他变成这样的啊!"

怎么可能?

"爷爷特别喜欢跟你在一起：接送你，让他有亲近你的时间；你的趣事带给他快乐。现在，你不用他接送，还嫌他古板，他觉得自己老了，不中用了，就整天唉声叹气的！"

原来是这样，我真的没有想到！

这自以为是的生活让我忘记了以前自行车上的那些励志故事，疏远了那我曾引以为傲万般崇敬的爷爷！以前那对形影不离相互扶持的爷孙俩分裂成了一个叛逆的少年，手中紧紧握着触屏手机，和一位孤独的老人，眼中有无尽的沧桑……

想到这里，我不寒而栗：爷爷给挫败的我鼓励，我却嫌弃他，伤害他老人家！一直以英雄自诩的我，这算什么？

若是英雄，该怎么做？

我又跟爷爷撒娇了，缠着他再给我讲故事；并说最近功课忙，吃完就坐着，体力下降，恳请爷爷早晨跟我一块走路上学，陪我锻炼。

爷爷最初还以为听错了，我再三强调后他欣然接受。爷爷特意穿上灰白相间的运动服，还在小斜挎包里偷偷塞了两块小点心，抢在我前头出门了。脸上久违的笑容由内而外的舒展开来，他看起来年轻了许多。

这以后的早晨，映满朝阳的马路边又多了一对谈笑风生的祖孙。那指手画脚，滔滔不绝的是我；默默倾听，在红灯前一把拉住我的是爷爷。

路边郁郁葱葱的梧桐树叶，被晨曦抹上了金边儿，特别好看。

我突然产生了奇妙的想法：爷爷就是一棵苍劲的大树，子孙就是它树上的枝叶。枝繁叶茂，相依相伴，万古长青！

朝阳中梧桐树下祖孙的身影所勾勒出的，是我能想到的世间最美的风景!

新作文优点如下:

1. 环境描写,绘心情

文中关于回家路上自行车上的一幕,很有画面感,能牵动读者的心。清晨上学路上子孙两人亲切的画面,令读者感动。是用心观察才能发现的美好。

2. 细节刻画,蕴深情

观察并裁剪,细节的刻画,使文章有血有肉了。爷爷抱上自行车"左手扶着自行车把,弯下身子,右手臂揽在我腰际,一下就把我整个人抱起"动作很娴熟,祖孙间的默契不是一朝一夕就能达到的。爷爷的伤心失落在"那一声声叹息和越拉越长的影子"中,传神地再现。爷爷得到陪我走步上学的"特赦"后,整装待发,还顽皮的"偷偷塞两块点心",刻画出爷爷心情大好,恢复活力。

3. 直抒胸臆,传真情

站在爷爷的角度体悟:英雄的情结是爷爷种在心里的,却反过来忽视、冷漠爷爷,发现自己有错的瞬间内心的冲击确实很大,"不寒而栗","这算什么?"这些内心的描绘,真实地刻画了后悔、自责的心理。"若是英雄,该怎么做?"的扪心自问,推动情节发展,简洁的语言却刻画出内心复杂又丰富的顿悟过程。

4. 意境锤炼,绽亲情

文章结尾把"爷爷的爱真伟大!"改成"朝阳中梧桐树下祖孙的身影所勾勒出的,是我能想到的世间最美的风景!"主题立意由懂得爷爷的爱,延伸到互相关爱。画面由个体模糊成所有人,引起读者共鸣和深思,情感也由个人的亲情发酵成爱满人间,情感达到高潮。

教师小结：

真情是写作之源，真情的发现和体悟是学生成长的阶梯，真情表达是提升学生思想境界的基石。写作教学要鼓励学生写真情，指导学生抒真情的方法。一篇文采飞扬真情四溢的文章，既是学生自我的思想洗礼，也是人生情操的升华，值得为此付出！

高考作文命题特点及写作教学的创新策略研究

申玲娣

一、课题研究的背景

任教高三几年,关于上海高考作文最直接的感受有三点:一是人人皆可"指点江山",每年高考结束,各大报纸、网络、论坛有关高考作文的点评铺天盖地,而切实有效的对策却少之又少;二是学生的作文水平"每况愈下",确切的说法应该是每一届的作文佼佼者越来越少,大多数学生怕写作文,写出的作文也普遍平庸,从观点见解到论据素材,让人有"如有雷同纯属巧合"之感,相同的成长经历、活动空间、阅读内容和思维方式使得大家的作文无深度无个性无创新,而语言表达更是贫乏苍白,味同嚼蜡;三是作文教学趋向"求平稳",翻来覆去材料作文的审题训练,文体选择上的单一议论,写作素材的统一印发,既培养不出真正有思想有内涵的哲学文学大家,也诞生不了各类作文的优秀写手。即便是这篇高考作文命题特点和对策的课题研究论文,实在也是难逃窠臼。在全民良好的阅读风气和正确的阅读方法形成之前,姑且也只能试图寻找其他提高作文水平的捷径了,这捷径,也并非写好高考作文的万能钥匙,而是"师父领进门,修行在个人"的金手指罢了。鉴于此,才有了研究这一课题的最初设想。

二、课题研究的目的

探究高考作文命题的特点,研究写好高考作文的教与学双方的策略,旨在帮助高中生学会阅读,通过日常积累,形成追求独创与深刻的思维习惯,开阔的视野,为作文做好思想准备和素材准备,构思过程和写作过程适当运用提升技巧,让自己的作文别开生面,日常生活中注重锤炼语言,写作时能够准确、流畅达意,形成"华而实"或"朴而实"的文风。

三、课题研究内容

课题主要研究近年来上海高考作文题及部分模拟卷作文题的命题特点和发展趋势,优秀作文范文的闪光亮点和独到之处,共性与个性,学生习作的得失分析,以及学生在平时的生活学习中切实有效地做好写作的积累和准备的具体策略。

四、课题研究成果

(一) 近年上海高考作文题特点和发展趋势分析:

为便于分析,先罗列一下近几年的高考作文题,2006 年到 2012 年的作文题分别是:

2006 年:以"我想握住你的手"为题,写一篇文章。

2007 年:以"必须跨过这道坎"为题目,写一篇文章。

2008 年:平时我们关注更多的是我们自己,请以"他们"为题写一篇作文。

2009 年:郑板桥的书法,用隶书参以行楷,非隶非楷,非古非今,俗称"板桥体"。他的作品单个字体看似歪歪斜斜,但总体感觉错落有致,别有韵味,有人说"这种作品不可无一,不可有二"。

2010年:丹麦人去钓鱼会随身带一把尺子,钓到鱼,常常用尺子量一量,将不够尺寸的小鱼放回河里。他们说:"让小鱼长大不更好吗?"两千多年前,我国孟子曾说过"数罟不入洿池,鱼鳖不可胜食也。"意思是,不要用细密的渔网在池塘里捕捞小鱼,这样才会有更多的鱼。实际上,其中的道理也贯穿在我们现实生活中的许多方面。

2011年:1.犹太王大卫在戒指上刻有一句铭文:一切都会过去。2.契诃夫小说中的一个人物在戒指上也有一句铭文:一切都不会过去。这两句寓有深意的铭文,引起了你怎样的思考?

2012年:人们对自己心灵中闪过的微光,往往会将它舍弃,只因为这是自己的东西。而从天才的作品中,人们却认出了曾被自己舍弃的微光。

对这几年的上海高考作文题的特点进行分析,"开放度大","有思辨性"等结论是大家的共识,我又进行了个人的补充,将其特点和发展趋势归纳如下:

1. 较大的开放度,兼有限制性

较大的开放度是大家对上海卷作文命题的共识,选材上外延广,可以古今中外纵横捭阖,但是也并非毫无限制,天马行空,如"必须跨过这道坎",可以是个人人生中遭遇的坎坷、心灵、精神中的"坎",也可以是国家、民族发展过程遇到的障碍,甚至是全人类共同面临的瓶颈问题,主语的缺失就给了考生很大的开放空间,限制体现在必须要写出"坎"的含义,要写"为什么""必须"跨过这道坎,必须是积极健康向上的主题立意。"我想握住你的手"和"他们"中的你和他们的所指,亦可自由选择,但必须写出我为什么想"握住"你的手,"一切都(不)会过去"中的"一切"可以是历史、辉煌、坎坷、磨难、名利,也可以是真情、伟大的精神、不朽的灵魂、经验教训,为什么会过去,为什么不会过去就是行文的限制所在,"心灵的微光"可以是灵感一现,是智慧的醍醐灌顶,是哲思顿悟,是民主自由之萌芽,而如何对待微光则是行文限制,天才不舍弃微光,具有独立思想,善于发现,坚持自我。有开放度,人人有话可写,有限制性,才能紧扣关键行文,才能看出分析问题的能力和思维水平,二者缺一不可。

2. 强烈的人文性、时代性

上海卷高考作文题提供的材料往往兼具哲理性和诗意,涉及情感、审美、价值观等人文内涵。命题的趋势是引导学生关注时代特点,关注社会、关注文化走向,关注自然与人的关系,关注自我、关注文明前进中的主流价值观,关注时代发展的利弊得失。2009 年的郑板桥书法引导学生关注文化中传承与创新的关系,2012 年心灵的微光引导学生关注自我思想和价值,2010年的丹麦人钓鱼引导学生思考社会进步与自然生态的关系,2011 年的一切都(不)会过去引导学生纵观历史,反思时代发展,关注人类精神……高考作文题给学生提出了较高的人文素养的要求:关注我们生存的环境,思考转型期社会特点与自我价值取向之间的关系,了解时代特点、社会文化发展规律。

3. 严密的思辨性

上海卷作文题向来注重学生辩证看待问题的意识和习惯,全面、严密的去看问题才能对现象做出客观公正的评价,如2009 年的作文可写传承与创新、奇与正的辩证关系,2011 钓鱼作文中"眼前利益"与"长远利益","利益获取"与"道德自律"皆可辩证,2012 年高考作文题"心灵的微光"是灵感,是智慧,是思想,但辩证来看也可能是愚昧,邪恶,是要摒弃的,可写天才与凡人对待灵感的差异:凡人将曾经的"微光"舍弃,而天才却能聚光成星,"有心和无心"的差异:无心所以对脑海中一闪而过的微光视而不见,有心所以善于捕捉微光成就辉煌,成就自我并且推动人类进步,2003 年的"杂"与"专","精"的辩证,2004 年"忙"与"闲","忙"与"适度"的辩证,都能体现考生理性看待问题的思维深度,全面品评内涵的思维广度,正向与逆向思维相结合的思维能力,正如王玮老师在《今天我们该如何命制高考作文题》一文中说的"这种思辨性背后所彰显的,是考生的理性精神……这种理性精神包括全面的,完整的看问题,而不是只讲其一,不及其二;用联系的目光来认识事物之间的关系,找到相互的桥梁,而不是孤立地抓一点;看到事物的一种变化,一种动态发展,而不是静态的;看问题要通过现象窥其本质"[1]。

(二) 高考作文和学生写作实践中的利弊得失分析

不难发现,高考优秀作文的共性是立意深刻而新颖,分析透辟,有思辨,素材丰富、独到而鲜活,论证充分而层层推进,思路清晰而严谨,手法多样而灵活,行文切题而流畅,语言老练而确切,给人的感觉是这些学生读书多而广博,视野相当开阔,对问题的见解饱含人文关怀。而高考的问题作文和学生日常习作中则呈现出或多或少的各种问题,立意浅显者有之,论据平庸者有之,缺少分析者有之,论证简单者有之,单一例证者有之,词不达意者有之。下面主要以高考优秀作文为例来进行分析:

从选材立意来看,选材独特新颖,富含人文底蕴,立意深刻的文章才能脱颖而出。曾有一篇经历了三级跳的高考记叙文

《必须跨过这道坎》，写的是跟着老师到偏远的山村去写生，看到当地农民家里高高的门槛、说话夹杂着当地乡音的小脚老婆婆、没学上，满山乱跑的孩子，不禁感慨农村必须跨过落后，思想封建保守这道坎，才能进入现代文明社会。该文选材与众不同，立意独特，所以才能在众多议论文中博得一席之地，得到63分的高分。2009年的板桥体作文，多数考生都写传承与创新，有位考生写的是"奇正相补，方成大家"也是别开耳目的，用打仗"以正兵当敌，以奇兵取胜"的做法和石榴枝干虬结却又不失整体柔韧之感的形象来作比，又以郑板桥和方孝孺、陶潜、花木兰为例来论证"奇正相补"，立意也是很显功力的。2008年的作文《他们》，满分作文写的是城市里的农民工子女真实的生存状态、变化，他们心态的逐渐成熟，还有一些优秀作文写的是画家、配音演员等，也是颇具人文性的选材立意，新鲜而且精妙。

研读高考范文，借鉴立意角度，寻找得分的立意亮点，就会发现，寻找独特立意角度，避大言小，避浅言深，不泛泛而论的文章得分较高，关注现实，立足社会的作文往往具有鲜活的生命力。如《直面》一文，写的是文人基于对真实和心中某种价值的坚守，对于社会真相的直面与反思后，得到与发出的警示，进而提出用温暖光明的人性来作为社会的指引，在论及一切"过去"和"不会过去"角度理性深刻，与众不同。如《放宽网眼，让学术长大》一文抓住学术界急功近利、心态浮躁的现状，呼吁文人要耐得寂寞，宁静淡泊，看淡富贵。2012年高考作文中，有位考生剖析我们舍弃心灵的微光的原因时能够深入挖掘，避浅言深，触及本质深处，他认为舍弃微光是源于我们的恐惧——害怕被孤立、害怕与众不同因此丧失独立人格，而保持一份微光"就意味着与世俗的不同；因而你要时刻从人群中抽身开来，在孤独与寂寞中与自己对话,看看你心灵的微光,小心地呵护着它,为它添油拨芯,点亮'黑暗中屋内那隐隐的灯'"。[2]还有位考生分析舍弃微光的原因时条分缕析:"一是'标准化'时代里,不允许有'异端','权威''专家''大师'层出不穷,他们把持了话语权,制定出了条条框框的'标准'压抑了灵感,阻断了普通人成才的途径;二是'全球化'时代里,人们从众的心理被无限放大,当个人被置于全球这一更大的'集合'下,汹涌澎湃的'群众心理''集体无意识'将灵感扑灭,将平庸之作炒作成精品;三是'商业化'大潮将一切文化产品搞得像批量生产的鸡、奶粉一样。"[3]而后以卢梭为例,正面倡导敢于突破标准坚守微光,这样才能接近真理:"卢梭的观点不为当时主流社会所接受,他在痛苦徘徊后醒悟:'我凭什么怀疑自己全部由思考与理智得出的结论呢?'百年后,他的灵枢进入先贤祠,棺木上写着'此处安息着自然和真理之人'"。[4]这些作文立意高远,见解独到深刻,颇见理性思考的锐度和针砭时弊的力度。

而平时作文中,这样的选材立意却并不多见,"如有雷同纯属巧合"的论点比比皆是,暴露了学生们生活经历匮乏、视野狭窄、缺少思考等诸多问题。稍有创新的立意便能让人拍案叫好,如有一年模拟卷中的半命题作文《_____,的名片》,有位同学写的是《昆曲,江南的名片》,由于小作者对昆曲的喜爱,亲自参与演出实践的阅历,写出了独特而深刻的见解与感受,选材立意让老师眼前一亮。

从论证过程来看,很多学生不能运用多种论证手法来证明观点,通常的做法是一个分论点后跟一个例证,这样的写法无疑是幼稚而单薄的,充分有力地逻辑说理才能让作文尽显说服力和感染力。可以是因果关系推理,也可以是层层推进说理,比喻类比说理等,都能起到让论点站住脚跟的作用。让我们来看看高考作文中的一些片段:"天才们守护心中的微光,更有面对诋毁质疑时的大无畏。当他们坚守自我而不得不站在社会的对立面时,他们不会放弃,而会用一切去维护真理之光。莫奈的印象派画作被斥为'反胃、怪诞',贝多芬演奏《英雄》时被称为'被魔鬼夺去了灵魂',苏格拉底更直接被民众送进死牢"[5],画线句虽然不长,但是却是对论点不可或缺的阐释,天才面对诋毁质疑,被迫站在社会对立面的时候,具有坚守自我的大无畏精神才能守护微光维护真理。再如《我想握住你的手》作文中的一段话:"我想握住你的手,是因为我对你的崇敬。我的崇敬不仅仅是你真言的本身,更是你强大的人格力量。因为这些敢于真言的人,一定有冲破一切阻力的勇气,而这勇气一定是来自于兼济天下的责任感与悲天悯人的情怀。魏征,一位中国历史上有名的谏臣。他并不把皇帝的脸色作为自己言语的风向标,针砭时弊,直言不讳是他的作风。我相信他一定有着治世盛国的责任使命感,才能如此地甘当一块明镜,照出一个大唐盛世。"[6]在用魏征的例子印证观点之前,作者先加了一段因果推论,分析了我崇敬他们的原因是他们具有强大的人格力量,又对强大的人格力量做了具体解释,使得说理逻辑性强,清晰而明确,环环紧扣,水到渠成;2010年高考作文中,有这样一个片段:"我们常说人的欲望是无限的,要会舍才会得。但我想这当中除了舍得的辩证,更需要的要有一颗甘于等待的心。敢于放弃这一刻的光华,等待整个太阳的普照,甘于让青柿子待在树上挂着秋霜,等待下一季满枝盈盈的硕果。对于每一个人,这种等待的方式有所不同,对于文化人来说,这份宁静的守候尤为关键。不要做只为一首歌脍炙人口的歌手,要做让音乐渗透几代人心灵的歌手;

不要做只为票房而浪费胶片的导演,要做让唯美画面永驻人心的制作人。"[7]这段论证用形象的比喻来阐述宁静地等待守候的意义,由自然而人文,舍得都是收获的前提,文化人尤其必须做到。这样的例子还有很多,有了形式多样的说理,分析才能透辟,论述才更加充分。

在论据的选取上,首先要做到丰富,古今中外,不同时代不同国别,不同身份不同领域的论据都要兼顾,其次是独特而具有深刻思想性,如哲学家、思想家、社会学家以及文学家的例子或名言皆可用,再次是要具有鲜明的时代气息,陈旧而泛滥的例子和言论不宜多用,2011年高考作文中,有的学生就提到了清华大学用商业品牌之名来命名教学楼以及世界著名奢侈品牌路易威登进入中国国家博物馆等事件,来佐助"文化浮躁之气正充斥着我们周遭的生活"的观点。其他如推土机开上老建筑,孔庙周围摊贩云集,假文凭,论文剽窃出现在作文中,体现了考生关注社会,关注热点的良好素养,体现了宽广的视野和阅读面,使文章具备强烈的时代气息、责任感和使命感。再如《理性的声音永远不会沉默》一文中,用到了德国总理默克尔在得知本·拉登被击毙后当众表示"十分"高兴,以及对德国前国防部长的博士论文涉嫌抄袭一事用"我们需要的是政治家而非学术研究人员"[8]来为之辩解而遭到德国知识分子的集体质疑两个素材,使得文章见解大气深刻,论据令人耳目一新。

作文中的引用也很有讲究,引用寓意深刻,哲理性强的话往往有一举两得之妙。比如引用法国科学家巴斯格《沉思者》的话"我们向来不曾把握现在,不是沉淀在过去,就是盼望着未来",略萨"文化瑟缩在物质社会的边缘,苟延残喘着",著名探险家贝尔格雷尔斯的话:"求生的关键在于不断探寻,不能放弃希望",其他诸如引用海德格尔、马克奥勒留、萨特的名言也非常不错。既为文章的思想增色,也为文章的语言添彩,一举两得。

在文章结构方面,一类卷的要求是结构严谨,严谨的具体体现应该是层进式论证结构,纵向深入挖掘,如 2006 年的《我想握住你的手》,有一篇作文就是典型的层进式结构:

在这里我想握住那些敢于说真话的人的手,以表达我的崇敬,我的支持与我像你们那样敢于真言的决心。(总起)

> 我想握住你的手,是因为我对你的崇敬。
>
> 我想握住你的手,是因为我对你的支持。
>
> 我想握住你的手,是因为我想让你带领我前行。

从崇敬到支持,再到我的希望加入这支敢说真话的队伍,最后到希望全社会都握住这些手,用大家的力量换来一个明净的天空。三个层次,层层递进,由他人到自我,由自我到社会,用我发自肺腑的情感来贯穿全文,又逐层深入铺排出来,完整而严谨,理性而深刻。

再如 2003 年的一篇《炖好艺术领域里的腊八粥》一文,也是由浅入深层层剖析的:

取百家之长
补一己之短

> 首先,要在本乐器媒介上做到"杂"。
>
> 然后,我还得对其他艺术载体如钢琴、小提琴、大鼓怎样具体地做到"杂食"有所认识,这样才能开阔思路。
>
> 最重要的,就是我们从艺者一定要把艺术与生活紧密地联系起来。

第一层写的是在自己专攻的乐器上要做到杂,音阶、长音、短音、乐句、乐理,练习曲、奏鸣曲、随想曲、协奏曲;古典音乐、中国民乐、近代音乐都要学习,第二层写的是除了专攻的乐器之外,还要对其他乐器有所了解,第三层写要把艺术与生活紧密联系,三层次由小到大,论遍艺术领域之"杂食",这样才能"炖成腊八粥",修成大家。层进式结构给人思维严谨之感,颇为显示出学生的思维高度和逻辑推理能力,而学生的平时习作缺少这样的层次结构,多数采用的是并列式结构,文章如一盘散沙,有支离破碎之感。

在语言的运用方面,无论是关汉卿式的质朴"本色派",还是王实甫式的优美"文采派",都是最终服务于文章的论点和说理的,老练的语言无论以何种面目出现,都能为文章内容锦上添花。朴实不等于苍白、枯燥、乏味,文采不等于堆砌、华丽、含蓄。语言风格的形成非一日之功,跟平时的阅读是密不可分的,也很难拔苗助长,只能顺其自然罢了。恰当地用些排比句、成语,整散交错的句式还是可以尝试的。

(三) 写作教学实践中的创新策略研究

1. 独立见解,创新意识的培养——作文立意普通、雷同、浅显、陈旧的对策

作文想得到高分,立意无疑是最重要的,深刻有创见的立意的诞生,源自平时的独立见解创新意识的培养,所以在平时的写作教学中,我们也许可以从以下几个方面入手进行培养:学会研读高考范文,借鉴立意角度,寻找得分的立意亮点,然后在平时作文中进行尝试。关注时事,多看多思,以理性求深,由此及彼,切入口小;感知艺术,关注人文,以感性求真,静心悟美;古今相较,中外对比,求同存异,去糟取精,辩证思考,全面考虑问题。

（1）立意创新策略之一：关注时事，多看多思，以理性求深，由此及彼，切入口小。

古人云："凡作文发意，第一番来者，陈言也，扫去不用；第二番来者，正语也，停止不用；第三番来者，精语也，方可用之。"可见立意不能随心所欲，想到什么就写什么，还得三思而后写，周索题意，深入挖掘隐性信息后避浅言深，避旧言新，避同言异，避大言小，筛选最佳角度。

在审题基本正确的基础上，立意要做到几个避免：避免老生常谈，避免人云亦云，避免肤浅片面，避免幼稚局限，避免泛论杂谈。最好不要片面写小我经历，或者泛论话题，缺少深化，而是要联系我们生活的时代、社会，我们的人生，由表及里，由实而虚，由此及彼，理性全面地看问题，思考社会问题的根源，问询时代洪流的实质，探究表象背后的哲理，挖掘本质深处的成因，关注现实和热点，聚焦当今社会众生相折射出的具体心态、价值观、精神、道德、心灵等方面暴露出的问题。

在优秀作文示范和立意策略指导下，我们来看看日常作文中成功的立意实践。如关于"晒"的作文题，（在网络上分享，展示自己的资源，晒心情，日记；晒房子，晒衣服；晒摄影作品，晒旅游心得等等。当然也有一些人把他人的隐私也晒到网上），有位同学写的是《晒是一种自由生长的公民力》，她说："当中国的公民们得以以网友的身份晒出自己的心声时，我相信即使是无言，也足够汇成一股足以震撼地球的力量。这股力量，我称它为公民力。人文社会与自然社会的进化过程都是不可逆的。我很乐意地说；就让这样的公民力自由生长吧！"[9] 在中国社会现阶段，公民民主自觉意识觉醒，参与法制与社会生活的力量生长，这种公民力将会"晒出一个更健康美好的社会"，可以看出文作

者关注社会现实,深入思考表象背后的本质,理性看待网络上
"晒"现象折射出的公民意识和公民力的生长的思维习惯。

(2) 立意创新策略之二:感知艺术,关注人文,感性求真,
静心悟美。理性思维之外,作文亦可写感性之美,人文和艺术是
作文另一个重要的因子,2005 年、2009 年、2012 年上海卷作文
题都直接或间接地涉及人文艺术的内容。

学生要善于在日常生活中培养自己敏锐的感知力和伸长的
"触角",以细微的观察,深切的感受获得对生活、艺术、人事的
直觉体验与审美,在作文中进行抒写。在日常生活中,要以一颗
纯朴的心去感受生活中的美好,体验真情挚意。以一颗淡泊清
澈的心去品读山林旷野,静悟自然万物,获得天人合一之哲思,
以一颗睿哲之心去感悟人生智慧,人生的走向,思考人世间更高
的原则,以一颗空灵之心去追求精神世界的觉醒、纯粹、独立、自
由与崇高。那些对自然和人类的关爱,发自内心的包容和尊重,
那些主动参与的热情和体验,对灵魂的关注和拯救,对永恒和梦
想的渴望与追逐,对音乐、美术、雕塑的审美体验,都将是作文灵
感的源头,在功利至上、实用横行、物欲泛滥的时代,这样的感悟
和获得的真善美的心灵硕果,将是芸芸作文中一枚闪光的星辰,
终会脱颖而出。

作文题"我想握住你的手"曾被评价为最感性的作文题,充
满生活气息,引发了很多人的共鸣和美好回忆,涌现出一批表现
感悟充满真情的佳作,2005 年高考范文中有一篇叫做《有一份
美丽需要等待》写的就是白先勇对昆曲艺术的执著,满溢艺术
之美,2008 年的满分作文《他们》饱含真情,打动了很多人。但
是由于近年来上海高考作文少有记叙文佳作诞生,学生更加不
敢尝试。不过不擅长说理的学生还是可以努力地塑造可感的形

象,写自己真实的感悟,2009 年一篇《和而不同的中国智慧》就是以想象的形式写自己的博物馆邂逅一老人,以二人对话的形式论及郑板桥书法艺术和中国传统文化和而不同的包容性。或者以"文学"、"艺术"为素材领域来行文,如 2010 年的优秀作文《滋养文化的活鱼》,就用到了《阿凡达》《泰坦尼克号》等电影,《文化苦旅》等文学作品来论述文化人圣洁的使命。2008 年作文《他们》,有同学选取"画家"这一个群体,结合其美术作品和其人格力量来来写,也是一种对艺术的观照和人文的思考。

（3） 立意创新策略之三:古今相较,中外对比,求同存异,去糟取精。中国古代有悠久的文化传统、道德风尚,当然,传统中亦有糟粕,随着社会的发展,文明的进步,当今社会物质极大丰裕,科技不断进步,却也出现了拜金主义、实用主义、物质至上、精神贫乏、良知丧失、道德沦丧等不良现象,古今对比,取精华去糟粕,为社会指出正确的价值观和精神导向。而中国和西方,也有重情与重法、重义与重理、重集体与重个人、重合作与重独立等文化和价值取向的差异,探究这些差异,致力于和谐统一,求同存异,取长补短,也是一种不错的立意构思方法。

2010 年的作文题本身就是中外两个素材"合璧",丹麦人的尺测也好,中国人的"数罟不入洿池"也罢,最终殊途同归,意在引导考生关注现实,文以载道。优秀作文中有篇《咱差鱼,更差尺》就是以探究中西差异来立意的,西方给出了明确的标准,精确到以尺来量,中国人却相对含糊和笼统,寄希望于人们的道德自觉,所以该文呼吁中国也应有"尺",不失为很有批判力的立意。

2009 年的十校联考中,谈到中西校训差异时,有位考生以《差异创造和谐》既看到了中西方道德标准的差异,认识差异,看到了中国人重情"惹的祸",也看到了中国重情义创造的奇迹,以孝为先,以义为廉的美德,求同存异,才能产生共鸣,有了差异,有了磨合,才有和谐。

而在我们的日常教学实践中,也有学生采用这样的利益角度,还是关于"晒"的作文题,有位同学就既写到中西对晒的不同看法、做法也写到长辈和 90 后中国人的差异:"'晒'信息现象的出现昭然揭示了中国尤其是新生代 80、90 后人的意识形态与观念已经发生巨大变化。中国自古以含蓄为美,而西方社会则以奔放热情、开放不羁为显著特点,从网络建成之初就出现了'特搜','推特'等'自曝家事'的网站媒介,但中国文化自古就与这种开放略显格格不入,'犹抱琵琶半遮面'式的含蓄内敛不外露作为传统文化和观念,正面临着'被西化'的命运。网上公开晒爱情、晒私照、曝隐私不免让长辈惊呼'这怎么可以放到网上'。新老观念的差异,中西文化的冲突,一个简简单单的'晒'字体现得淋漓尽致。这不禁让我们深思:我们是应该坚守中国传统文化与习性,还是顺应潮流、听之任之?显然,我们不应被全盘西化,东方的含蓄婉约之美独一无二,深入骨髓,网上写写心情日志,传些不私密的个人照片当然无碍,但秀恩爱、上私照、自曝隐私这些在西方人眼里再正常不过的现象是否不适用于中国和东方世界呢?"[10]但是,辩证地看,无所不晒却是中国传统文化中所不能容许的:"晒,本身来说如果仅限于分享,分享有用资源,与朋友分享心情故事是百利而无一害的,但一旦和'隐私'或'娱乐'挂钩,那侵蚀的不仅是中华传统文化,更是人们的伦理道德。"[11]文章观点客观全面,写来很有见地。

(4) 立意创新策略之四:运用辩证思维方式,全面客观思考问题,论点要严密周全,表述要留有余地,不要被人轻易就全盘推翻,避免以偏概全,凡事绝对化、片面化。

辩证思维方式的培养贵在平时思考习惯的训练,让学生学会用发展的眼光看问题,历史上起过积极进步作用的举措,当今社会可能已不再适用,多数人秉持的原则,可能在少数人那里得不到认同,社会上有大众,也有"小众",有主流普世价值观,也有小我异己价值观,审题立意时要突出主流和重点,也要兼顾支流及其他,看到正面,也不能忽略反面,一种文化,要看到精华,也要看到糟粕。

以杨浦区模拟考作文题为例:寺庙里新来的小沙弥,对什么都好奇。秋天,禅院里红叶飞舞,小沙弥跑去问师父:"红叶这么美,为什么会掉呢?"师父一笑:"因为冬天来了,树撑不住那么多叶子,只好舍。这不是放弃,是放下!"审题的主流是放下是一种智慧,一种勇气,放下名利,固守对理想,对精神的追求,这是主流,辩证地看,有学生写到"'放下'并不代表着'放弃',前者是客观的选择,后者则是主观的放弃。做任何事都该坚持自己,而只有拥有'放下'智慧的坚持才是一条智慧之路",针对有些人会认为"放下"便是"放弃",注定会失去什么,内心会感到失落,也有学生辩证如下:"恰当而适时地放下并不会让人惘然若失,而会如获新生,如释重负,这是一种更高的精神境界,此后不会再因被一些无谓的东西束缚而愁眉不展。这才是真正做到了'放下'"。[12]

要注意的是辩证思维不是各打五十大板,不是墙头草,不是无主见放任自流,必须有主导倾向,有符合主流的价值观念,反弹琵琶必须能够自圆其说。

2. 论证充分、说理严密习惯的培养——作文说理匮乏、罗列堆砌材料的对策

针对多数学生的作文习惯于一个分论点后跟着一个事例的

做法,日常写作教学应该注重培养学生的逻辑思维和推理能力,诸如因果分析,演绎推理,类比推理等推理方法,训练学生对观点进行深入分析阐释。培养学生的哲学思想,思考时代,思考人生,探询自我,探询人类,看似玄虚,其实与每个人的人生取向与心灵选择息息相关。通过逻辑推理建立作文题和上述思考点之间的关联,作文的论证就能比较充分,说理就能严密。

早在一千多年前,中国的文学家屈原就曾经写过《天问》,西方哲学一直关注三大终极命题:"我是谁?""我从哪里来?""我向哪里去?"我们的莘莘学子也应该思考如何身处现今时代,如何认识自我,像梭罗一样叩问生存方式和生命内核,很多作文题引导学生表达的也正是自己对外在环境和心灵世界的观照。各种推理方式也努力探究论点与人生、生活、心灵、精神之间的本质关联,积极作用,并将其层层剥笋般演绎推理出来。

推理论证主要包括归纳法、演绎法、类比法、因果论证法,归纳法是通过个别、特殊到一般,从微观到宏观,在高考作文中主要是由几个例证推导论点的方法,通过概括出几个例子之间的共同特征得出一个具有普遍性的观点,我把例证法也归入此类,演绎法是根据已知的一般原理、原则推导出个别、具体事物的结论,在作文中表现为先陈述自己的观点,然后辅以具体事例,最后得出结论,这里我把引证法归入此类,类比法是从已知的事例推论出相类似的事例,个人认为可以尝试从大自然万物的规律推论出人类社会生活中的相类似理论,姑且把喻证法归入此类,因果论证是通过由原因推导结果的方法使论点成立。

例证法和引证法学生在平时作文中使用较为广泛,所以想着重推荐一下因果论证法和类比论证法。

因果分析是建立分论点和结论之间关系的桥梁,使得结论的出现能够水到渠成。

比如杨浦区一模卷作文题《生活中需要有把小提琴》,有学生如此进行因果推理:分论点一,生活中需要有把小提琴,因为它能让我们在经历磨难后得以休憩,得以释放心中的压抑与苦涩。分论点二,生活中需要有把小提琴,因为它能让你在品尝人间苦涩后心中保留对真善美的追寻。分论点三,生活中需要有把小提琴,因为它能让我们不管面对多么黑暗的现实,始终在心中保留一盏希望之灯。再如命题作文《有些苦难是财富》,也可以进行如下推理:有些苦难是财富,因为它提供了一个契机,让人停下匆匆的脚步,重新审视生活,沉淀出纯净的人生真谛。

类比推理和比喻论证异曲同工,往往使说理更加形象生动,有人将生命比作一杯香茗,不断地被水冲泡、荡涤、洗礼才是生活的常态,就如生活中注定要经受栉风沐雨才能抵达成功的彼岸,获得自由的灵魂。有人苦难摧残的身体比作潜水钟(多米尼克鲍比《潜水钟与蝴蝶》)"身体像潜水钟般沉重,思想依然可以像蝴蝶一样飞翔,有些苦难是财富,因为它用血泪迫使人成长,锋芒刺痛人的心脏,淋漓的鲜血却开成炽烈的蔷薇,经过磨砺的人格,在血色中绽放。"[13] 有人将韦恩式的人生比作平静的湖水:"在历史的长河的冲刷下,无以计数的人甚至都没有留下存在过的痕迹,那样的生命就像平静的湖水一样,它从不用经历跋涉的艰辛,也永远体悟不到见到大海时的欢喜。然而有意义的生命应当像小溪一样,欢腾地前进,哪怕最终没有流入大海,它也给予了一切它流经的花草树木以滋润,这一种奉献,使得小溪变得富有起来。"[14] 有人由植物们生长的愿望生发联想,类比人类生命的顽强和伟大,有人由梯子从底层爬起类比出文学家们"从底层做起"的写作态度和人生态度,由"为梯子保洁"类比人类在经济发展过程中保持天道平衡,给万物以喘息之机。种种类比,形象地揭示出本质,让说理生动有趣又说服力强。

论证时还要注意综合使用多种手法,避免单一,论证才能更加充分严密周全。

3. 新鲜大气,开阔素材的收集——作文论据单一、老套、撞车、乏力的对策

进行专题阅读,关注时事热点,深入思考其中反映出来的社会问题,开阔视野,收集独特、新鲜、具有深刻思想意义和强烈批判力度的素材和名言,写作时准确、巧妙地运用这些素材为自己的论点服务,好的素材与全文论点也能相辅相成,能使全文见解大气宏博,纵深有力又具有个性。

论据素材要避免大众化、雷同和陈旧,苏轼、李清照、史铁生、屈原、袁隆平、爱因斯坦、牛顿、伽利略等人固然很伟大,但此类论据在平时作文中和年年高考时的频繁现身,实在已经味同嚼蜡。而在我们生活的现实社会中,新鲜的素材却比比皆是,只要学生做个有心人,各种充满时代气息又反映现代人价值观念的素材就可以随手拈来。在我们的周围,随处可见文化的萎缩,灵魂的扭曲,功利至上的言行,这些让人触目惊心的现象引起了众多的评议和反思,一个个大师的离去又让全社会的精神更见荒芜,学生平时要广泛阅读报纸杂志,养成良好的善于收集、勤于思考的习惯,为作文中的"针砭时弊"做好准备。名校百年校庆的系列活动,一场大火,大桥坍塌,一场地震,热门电影,这些事件都能引发丰富的思考,挖掘出不尽的内涵。

2012 年的高考作文中出现了本雅明、雅斯贝尔斯、汉娜·阿伦特、米兰·昆德拉、海德格尔、萨特、加缪、德国纳粹时期的一位女导演莱妮·里芬施塔尔等事例材料,海德格尔、马克奥勒

留、萨特等人的言论,比较陈旧的例子如司马迁、李白、苏轼、鲁迅、爱迪生、居里夫人的例子就相形见绌了。《不要舍弃那一瞬微光》一文中用了《陆犯焉识》的作者严歌苓为例来论证,"她把祖父的影子投射在主人公陆焉识身上,反映的是她的家族史,更是一代知识分子的悲哀。这份灵感是她在回忆祖父的过程中闪现的,但她没有舍弃那一点微光,而是用笔记录下来,诉说一份高贵的做人治学的态度,摈弃社会的功利与投机……"[15]

阅读时读物的选择非常重要,学生平时阅读的书籍可以是优美有灵性的散文,也可以是犀利幽默的时文,或者广受好评的一些刊物如《南方人物周刊》、《三联生活周刊》、《看天下》、《文史知识》、《中国新闻周刊》等报刊,有了平时的阅读积累,才能腹有诗书,才能管窥天下,才能纵横捭阖,激扬文字,指点江山,才能不低俗不庸俗不流俗不媚俗。

日常作文写作实践中,有学生在"有用与无用"话题作文中引用了EB怀特的话"面对复杂,保持欢喜",并以他为例"他本是《纽约客》杂志主编,名利皆有,却因警惕公共对个人思考的剥夺,最终辞去工作,选择回归乡村,回归纯粹的精神世界,而后创作的《夏洛的网》至今以其向善的主旨,启迪着每个孩童的心灵"[16]来证明"停下对有用的追逐,侧耳倾听精神世界"的观点,论据新鲜而有时代感,又紧扣话题与论点。

五、结语

如果我们的学生在平时的阅读和写作实践能够做到以上几点,相信作文定能取得很好的成绩,但是,作文毕竟是"文"学,"人"学,真正的人文和文学素养的提高,思想的深化,博观约取的阅读,切问近思的治学态度,才是真正写好作文的方法,希望学生不停留在应试技巧的雕琢上,而是培养读书看报的习惯,拓展自己的视野,真正去思考社会与人生,体验感悟生活,从综合能力上提升自我,才是写作成才的根本之道。

参考文献

［1］ 王玮.《今天我们该如何命制高考作文题》［N］,文汇报,2011 – 06 – 16(10).

［2］ 《2012 上海高考满分作文赏析〈用微光照亮自我〉》,新闻晚报［N］,2012 – 12 – 06(B02).

［3］［4］ 《高考作文要少一点"逐外功夫"》2012 年高考语文上海卷优秀作文点评《蓦然回首,莫要放手》,文汇报［N］,2012 年 0726(11).

［5］ 麦坚.《夺取 2013 高考满分作文〈守护心中的微光〉》［M］,辽宁,辽宁人民出版社,2013:49 – 50.

［6］ 上海考生.《我想握住你的手》《优秀作文选评(高中版)》［J］,2007(05):15.

［7］ 上海市教育考试院.《2010 年上海市高考作文评析》［M］,上海,上海教育出版社,2010:22 – 23.

［8］ 孙浩东.《理性的声音永远不会沉默》,文汇报［N］,2011 – 6 – 16(11).

［9］ –［14］［16］ 出自学生习作.

［15］ 《2012 年上海高考语文卷作文精编》《不要舍弃那一瞬微光》http://www.doc88.com/p-661123743415.html.

创设写作场景　感受思考表达

胡　晨

写作教学一直是语文教学的重点。不仅它在整张语文试卷中所占的比重较大,也因为写作是一个学生语文综合素养的体现。所以,所有的语文老师都很重视写作教学。可是现实很残酷,大部分的学生对于写作却是怨声载道,爱写的少,不爱的多。他们又不得不写,因为考试要考,只能为了分数而写,拼拼凑凑,虚假空洞。

如何让学生不再为应付而写作,让写作变成他们发自内心的需求?

"写作即交流"。学生对于写作没有热情,也许与他们不明白写作的目的有关,或者与他们过于功利的目的有关。其实,任何一次写作行为都可以看做是一次在特定语境中的对话交流。所以,我们教师要善于创设写作的场景,引导学生"感受"生活,"思考"生活,在此基础上进行自由的表达。

比如说,作文《你是我的最爱》。这个题目对于六七年级的学生来说,人称的变化是最难的。他们习惯写以第三人称为主的文章,所以在写作的时候,不自觉地将"你"变成了"他"。程度好一点的学生在开头和结尾的时候会注意到人称的变化,程度差一点的学生从头至尾就是"他"是我的最爱了。

也许,有的老师会把这个问题归结于学生的审题。刚开始的时候,我也是这样认为的。可是细看学生的文章,似乎并不是这样。尤其是在和学生交流之后,我发现他们的审题没有问题的,都明白本文是要写一个自己最爱的人或物。而出现的人称问题,应该是他们没有一个写作的场景,人称没有很好地变换过来。

弄清楚了问题的症结,我决定就这篇作文上一堂作文课。

上课的那天正好是元宵节的第二天。上课伊始,我用 ppt 出示了一碗元宵的图片。学生看到之后,议论纷纷,不时地向我投射好奇的目光。课前的铺垫已经充分引起了学生的注意,我向学生解释了这碗元宵。"昨天是元宵节,你回到家看到家中的桌上放着这么一碗元宵,于是你就把它吃掉了。紧接你急着出去,请你写一张留言条告诉家里人这件事。"

刚开始,学生有点沉闷,不知从何下手,三五成群地议论着,我也参加了一些小组的讨论,和学生们聊了聊自己的感受。渐渐地,他们投入到了这个场景中,写的留言条也有了自己的特色。我请部分同学展示他们的留言内容,并说说这样写的理由。

"妈妈:我把桌上的元宵吃掉了。儿子□□写"这是一个家教严格的学生写的。

"奶奶:元宵好好吃,明天我还要。"这个孩子和奶奶的感情很好,奶奶总能满足她的一切小心愿。

"爸爸:桌上的元宵我尝过了,好吃。你也尝一尝吧"。这个孩子的爸爸工作比较繁忙,说好在元宵节那天回家吃饭,所以她要把元宵留一点给爸爸。

可以看到,学生们对于生活还是有自己的感悟的,他们从自己的生活出发,借助了场景,写出了自己的想法。同时,他们也领悟到无论写什么,都要明确自己的交流对象,因为交流对象决定交际内容与方式。

其实,在平时的写作中,我们可以培养学生这样一个习惯:审题之后多问问自己文章是写给谁看,为什么要写等问题。这样可以让学生进入一个写作的情景,写作就是和自己心目中的对象交流自己的感受。

结束了留言条的小练习,我趁热打铁请学生重新解读《你是我的最爱》。鉴于刚才的练习,有同学提出了,这篇文章其实写给"你"看的,文章自始至终都是在与"你"对话。对,我们写作文的时候,也可以自己设置一个场景,然后跟着虚拟的读者,也就是要写的那个"你"对话,交流自己的感受,也许这样这篇文章就会容易很多。听了这个同学的发言,许多学生表示赞同,开始在脑中虚拟一个场景,动笔和"你"对话。

再次交上来的作文明显有了进步,前一次作文中呈现的人称混乱的情况得到了明显地改善。但同时又暴露出了另外一个问题,文章的选材似乎老套了一点,有的不够切题。如何解决这个问题? 我依旧借助于模拟场景的写作教学。

记得著名作家毕淑敏在她的一篇文章中曾经写过,有个老师请学生写下五样最珍视的东西,然后一样样划去,最终她发现了自己的最宝贵的东西。我打算在这堂课上也借助这样一个场景,挖掘学生心目中的"最爱"。

刚开始,学生写现阶段他们最爱的五样不同的东西的时候,一脸轻松,你看看我,我看看你,觉得这个游戏有点傻。请他们划掉一样五样中相对而言最不重要的时候,学生也是一脸无所谓的样子,轻易地就划去了。再划去一样的时候,有学生的脸上开始出现了严肃的神情;划去第三样的时候,大部分孩子开始抉择,迟迟难以落笔。等到划去第四样的时候,有同学举手问我,可不可以不划了,因为很难选择,这时所有孩子都是一脸凝重。

不行,因为最爱的一定只有一样,留下的那个一定是你最珍视的。当听到这句话,有学生脸上一松,原来可以保留最后一项,还好还好。通过这个游戏,学生们发现了自己心目中"最爱",更重要的是发现了自己对于"最爱"的珍视与不舍。我请学生记住自己在选择时的那份情感,然后重新写作《你是我的最爱》。这一次的写作,难得没有听到学生的抱怨声,反而是他们拿起笔来尽情地书写。

再次交上来的文章显示,学生们对于"最爱"也有了更深层的理解。小猫小狗固然惹人喜爱,却不如父母长辈的关爱令人心动;小花小草看上去很美丽,但是培育爱护它们的责任心更让人"爱"……一些平时不留意的细节被放大,掩藏其中的真情实感被学生挖掘出来。这时,看到的文章才可以说是学生心中真正的"文章",有血有肉,有情有感。

"感受""思考""表达",是作文的三大要素,其实也是作文的根本之道。我们学生的生活表面上看来,"两点一线"有点枯燥。其实,瞬息万变的社会信息令我们每个人的生活都是丰富多彩的。只是学生没有"感受"到。"感受"是需要提醒的,提醒我们要拥有自己,要成为自己,尤其是对有效的写作教学而言。

就像上文中的作文训练,引导学生去感受,去思考。其实,学生不是没有东西写,只是不会将拥有的东西激发出来,并适当适时地加工转化为写作内容与材料。创设了写留言条的情景,让学生明白写文章要想清楚写作的对象。这个对于六七年级的学生来说相对抽象,但是通过场景的练习,学生马上就明白了。因为,这是在生活中一直使用的,有着丰厚的生活基础和实践。有道是"实践出真知"。老师讲再多的写作理论,也不如让学生贴近生活现实的场景练习来得见效,让学生迅速理解并掌握。

其实,对于文章的主题的把握与六七年级的学生的思维也有关系。毕竟,他们年龄还小,见识还比较短浅,所以对于许多事情的理解还是停留在表面。这时,我们教师就要引导学生"思考",因为思考是一种成长方式,在思考是在不断发现问题、解决问题,也是生命个体对自我负责的有力表现。第二次的作文课,我设置的场景就是要引导学生思考,思考"爱"的内涵和本质,追寻"爱"的真谛。

当"感受"和"思考"扎实地碰撞在一起,"表达"就是一种最愉快的实现方式。因此,在写作教学中,我们教师有必要为学生创设能顺利"感受""思考""表达"的写作场景。

参考书目

[1] 王荣生(主编).《写作教学教什么》,上海,华东师范大学出版社,2014.11.

[2] 郑晓龙.《感受·思考·表达》,北京,北京师范大学出版社,2013.6.

思维与训练

从因果论证看写作教学中的思维训练

范雅君

《普通高中语文课程标准(实验)》指出"引导学生在自己的语言实践中发展思维品质,提高思维能力",可以说思维方法的教学和思维能力的培养是语文教学不可分割的一个有机组成部分[1],具体到语文教学形态中,高中议论文写作是培养学生逻辑思维能力的主阵地。

议论文写作中,学生最常见的说理方式是举例论证和因果论证:前者学生的写作容易表现为堆砌事例、缺乏分析;后者则容易表现为乱赋因果、逻辑谬误。这些都是学生思维能力不足的表现,要培养学生的思维品质,有必要以议论文写作教学为着眼点,从培养学生的理性说理方式开始。本文拟从因果分析说理入手,以执教的一节写作课为案例,就培养学生的思维品质做一尝试:

执教本课之前,我搜集了学生一个学期的习作,将学生作文中关乎因果分析说理的段落整理出来,简单归纳了一下,发现目前学生的因果论证普遍为以下的格式:因为1,所以2,因为2,所以某个观点也是成立的。这是思维方式单一狭隘的弊病。比如"美国总统奥巴马下令提高税率,之后不久统计表明:国内的暴力犯罪上升,因此,提高税率会导致犯罪上升。"提高税率可能是犯罪上升的一个原因,但也可能不是,这就是典型的乱赋因果,这种思维误区警示我们:思维中有可能两者之间并无必然的因果联系,但因为我们认知经验的偏差或缺少普遍联系的思维方式,造成了说理上的不严谨。因此,有必要对学生进行这方面的思维训练,从而提高学生的说理能力。下面是我的教学案例:

一、导语:19世纪,一位英国的改革家说:每一个勤劳的农夫,都至少拥有两头牛;那些没有牛的,通常是好吃懒做的人。因此,他的改革方式是国家给每一个没有牛的农民两头牛,这样整个国家就没有好吃懒做的人了。请思考:这个改革家的思考方式有什么问题?

分析:没有牛可能有很多种因素,并不必然就是好吃懒做的人。这位英国改革家想当然的思维方式,就是典型的以主观经验乱赋因果的思维方式。我们在平时写作过程中也经常会有这种非理性的思维方式。本节课我们就通过一些写作案例的分析来探究一下因果分析说理方式。

二、研讨课前下发的学习任务清单:

试比较下面两篇高考作文范文:文(一)在因果分析上有什么问题? 文(二)在因果分析上有什么优点?

(一)

根据以下材料,自选角度,自拟题目,写一篇不少于800字的文章(不要写成诗歌)。

人的心中总有一些坚硬的东西,也有一些柔软的东西。如何对待它们,将关系到能否造就和谐的自我。(2015年高考作文)

《刚中也有柔》

……

可是,当我们心中只有坚硬之物时,我们便不能变通,不能随时随性而变,会被世俗世界所排挤、所孤立,从而走上自我的毁灭,这并不是和谐自我。

"童话诗人"顾城也正是这样的一个人。他心中有且仅有坚硬之物——对美的追求。他写下"人生如蚁而美如神"的句子,带着《老子》和《六祖坛经》,为了躲避着不美的世界更为了坚持自己心中的美的追求,躲进自己的精神世界之中。不与外界交流,不为外界而改变,只坚持自己内心对美的追求,心中只有坚硬之物。于是,他疯了,他以斧杀妻,最后自缢于树。因此,我们不能像他一样心中只有坚硬之物,只用他黑色的眼睛寻找美,寻找光明,更应寻找一些柔软之物,学会改变,学会随遇而安。

……

分析:结论(心中只有坚硬之物,并不是和谐自我),其一连串的原因(不能变通,被世界孤立,自我毁灭),这些只是可能原因,不是必然原因,结论和理由之间缺少了一个可靠的中介"保证"(板书),这是因果分析中的滑坡谬误(板书)。

何况,作为事实论据的顾城,"于是,他疯了——"也和心中只有坚硬之物没有必然的联系,从整个事实看,一个人的事例如果太特殊,就难以得出普遍性的结论,以个体特殊事例取代对普遍性的认知,有失公允。

(二)

根据以下材料,选取一个角度,自拟题目,写一篇不少于800 字的文章(不要写成诗歌)。

人们对自己心灵中闪过的微光,往往会将它舍弃,只因为这是自己的东西。而从天才的作品中,人们却认出了曾被自己舍弃的微光。(2012 年上海高考作文)

《蓦然回首,莫要放手》

王国维在《人间词话》里把治学的最高境界比作"蓦然回首,那人却在灯火阑珊处"。爱因斯坦也说过:"百分之一的灵感比百分之九十九的汗水更重要。"东西方学者的共识告诉我们,灵感这一人们心灵中闪过的微光是多么珍贵和重要。

然而,当今社会,人们总是在抱怨灵感的缺失,尤其是所谓"搞文艺"的,精品着实不多。真是这样吗?灵感这一微光,真的只在天才心中闪过吗?我以为不然。——

对自己心灵中闪过的微光,人们往往会将它轻易舍弃,只因为这是自己的东西,而从天才的作品中,人们又认出了曾被自己舍弃的微光。如今这种情况更多见,究其根本,原因有三:一是"标准化"时代里,不允许有"异端","权威"、"专家"、"大师"层出不穷,他们把持了话语权,制订出条条框框的"标准"压抑了灵感,阻断了普通人成才的途径;二是"全球化"时代里人们的从众心理被无限放大,当个人被置于全球这一更大的"集合"下,汹涌澎湃的"群众心理"和"集体无意识"将灵感扑灭,将平庸之作炒作成"精品";三是商业化大潮将一切文化产品搞得像批量生产的肉鸡、奶粉一样。

……

分析:在阐释"人们轻易舍弃自己心灵中闪过的微光"的原因时,本文作者将之解析为三个层面的原因:(1)标准化时代下的权威意识对灵感的扼杀。(2)"全球化"时代下的从众心理对灵感的同化。(3)商业化大潮下的批量制造对灵感的冲击。这几点原因,既有客观原因(时代因素,从众心理),也有主观原因(意志力不够坚定),可谓言之成理。

三、经典链接:下面的几篇文章在因果分析上有什么值得借鉴之处?请提炼归纳。

选文一:罗素的《我为什么而活着》(文章略)

分析:写作本质是"个人情意"的表达,罗素在阐述"活着的意义"时,以情感满足和个人理想价值的实现为切入点,在此基础上,再将之升华到精神境界的层面,我将这样的分析路径解释为从功利角度探究原因,"功利"并非贬义,功利有利己性和利他性两种:前者包括情感、知识、理想、追求……属于心灵的满足;后者则可以是人生理想、道德追求、人格境界……属于自我实现的需求,这样的思维路径符合人们的认知规律。

选文二:《南方周末》的《为何你不爱读微信里的严肃文章》,节选文章如下:

前些时候,艾媒咨询发布的《2015 中国手机网民微信自媒体阅读情况调研报告》,报告显示,情感/语录、养生、时事民生占据了公众号关注热点的前三名,除此之外,财富/商业、生活百科、休闲娱乐、影音和教育学术、政务/时尚购物等公众号也备受欢迎。报告还显示,用户每天在微信平台上平均阅读 6.77 篇文章,文章的平均阅读时间为 85.08 秒。换言之,<u>短平快、娱乐化、快餐式、碎片化是微信阅读的最主要特征</u>。

<u>一个显而易见的原因是,相较于那些严肃议题,人们更容易接受轻松八卦的信息,这近乎是一种本能</u>。但这个答案并不能说明全部,比如很多人都有这样的感受:如果一篇关于海德格尔与纳粹关系的文章出现在书上,自己可能就读得下去,可一旦它出现在公众号里,我们似乎就丧失了点开和认真阅读的兴致。<u>为什么会产生这种微妙的变化?</u>

从书本到微信,<u>一个最重要的变化在于阅读的介质发生了改变:由纸张变成手机</u>。

……

要随时随地、无时无刻都可以进行阅读,文章肯定不能太长、不能太深奥,而是要简短、轻松、有趣,无缝对接于人们的每

<u>一个碎片化的时间。</u>与书本的 32 开大小、白纸黑字的清晰、一页一页翻阅的"慢速度"不同,手机就在尺幅之间,滚条的滑动迅速,不能都是密密麻麻的文字,必须图文并茂,最好是一小段文字配一张图片的速读文体。应运而生的就是微信的"公号体":快阅读、轻阅读、易阅读;知识的碎片化,消解了阅读的难度和知识的"系统性"与"深刻性";反智主义倾向,只需浏览,不必细究,只需相信,无须追问。

……

分析:写作学习中的思维训练主要目标是培养写作主体理解生活的能力,"写作主体对生活思考、理解得越全面越深刻,写出来的文章就越有意义和价值"。[2] 分析本文的思维路径,我将之理解为写作是满足人们实用价值的心理需求的角度:为了说明"微信阅读的主要特征",本文作者由表及里去思考生活现象之间的普遍联系,从人们的阅读心理需求到手机媒质的变化,这些原因的分析无疑是作者认真观察生活并深入思考的结果。实用价值有显性原因和隐性原因的区别,前者包括本能、行为方式、情绪表达……而后者则可以包括心理动机、心理欲求、行为暗示等方面。应该说,本文作者对人们不爱读微信里的严肃文章的分析,大致也是从上面显性和隐性原因的角度去思考的。

选文三:谢冕的《读书人是幸福人》(文章略)

分析:"幸福"一词本来就关乎人的主观感受,按照马斯洛的需求理论,自我实现的需求可以为人带来幸福感。作者在解释"读书能让人幸福"的原因时,力求从人的情感、精神境界等主观感受方面去思考,可以用马斯洛自我实现需求理论去解释,我将这种思维阐释的路径理解为审美价值的角度:审美价值可以涵盖精神归属和人格境界等,前者诸如生命体验、生命厚度、高雅情趣……后者诸如自我升华、导人向善、生命意义……这样的思考可谓入情入理,易于接受。

说明:上面三则材料的选择各自侧重一个方面:分别从功利价值、实用价值和审美价值三个角度给学生呈现一种理解生活、分析现象的思维路径。这三则材料的使用就是给学生搭建一个思维的支架,以此获得思考问题的有效途径。

四、课堂练习:提供学生习作片段,进行修改

设计:学生分成 5 组,每组 6 个人,要求运用从客观到主观、从功利需求到精神境界等方面去解释某种结论或者现象背后的原因。

阅读下面材料,按要求作文(2016.2 高三下摸底考作文)

有人说:这世界上可怕的东西实在是太多了。

有人说:应该天不怕,地不怕,什么都不怕。

也有人说:如果什么都不怕,反而更可怕。

还有人说:应该有所怕,有所不怕。

以上看法引发了你哪些联想和思考? 请自选角度,自拟标题,自定文体(诗歌除外),写一篇不少于 800 字的文章。

下面是学生修改后的两则习作片段:

例文 1:更多时候,我们也在追求"不怕"地前行,不怕,是一种鼓励人向前的精神支柱。因为不怕,人才会去发现与创造;因为不怕,人的文化才会得以传承;因为不怕,人的精神才会升华。不怕是人发展最好的助燃剂。

《俄罗斯维卫报》的记者安娜·普利特卡夫斯卡娅在生命危机与真相之间不怕地选择了真相,用生命抒写自由的篇章;文天祥面对元朝的暗藏杀机的选择时,不怕地选择了捍卫自己的宋朝,捍卫自己的民族魂;芭芭拉·麦克林托克在面对无人看

好、无人帮助的情形下,不怕地选择付出自己的光阴,发现了跳跃基因的秘密。怕可以伤害人的精神,而使人知退,但因为"不怕"的支撑,人才会止住后退的步伐继续前行,创造人生的巅峰。

例文2:

恐惧,尤其是敬畏能激发出无畏的勇气。(结论)

对自然的恐惧、敬畏,对个人力量渺小的恐惧,产生了宗教信仰。但真正的佛教徒虽然从对苦难的恐惧中走来,最终却走向超脱,而佛家的大彻大悟便带来淡然中的无畏。其他许多宗教的真谛大概也就在此。真正的爱国热情也从敬畏中孕育,如蔺相如,正因为害怕有损国家尊严,从心底敬畏祖国的利益,才有在秦王朝堂之上瞋目叱咤的无畏之举。这拳拳爱国之心难道不是伟大的信仰?恐惧难道不是无畏的摇篮?因而真正的勇者不是无所畏惧的,而是从敬畏中找到信仰,用行动去战胜恐惧的人。

说明:小组合作,提供摸底考作文片段,要求用上面习得的方法去修改。这是一个由"已知"寻求"未知"的过程,是从"习得"到"实践"的过程。

五、教学反思

从教学设计意图的角度看,首先,因果分析说理最能培养人的说理能力以及说理素养,其能力训练仅仅通过几节课难以有大的成效,因果说理的训练必须贯穿在作文教学始终,有其自身的系统性和完整性。公开课只是就某一个方面做浅尝辄止的尝试。其次,因果分析说理过程中所观察到的人的思维流,有其隐秘性和变化性,不容易有形诸表面的反映,因此,要求教师必须时时动态性进行教学过程中的缜密观察并记录,这种教学观察可以为最终的成果提供"第一手"的资料。再次,因果分析说理虽然是隐性不易察觉的,但在教学实践中要具有一定的可操作性,因此,在自我提炼说理方式时结合大部分同学在某个问题上可能有的"共有思维路径"给予针对性的指导,使这种说理训练能够有的放矢,就显得尤为重要了。据此,前面在课堂实践过程中,我将"功利价值、实用价值、审美价值、"作为一条线贯穿于整个因果分析说理的训练过程中,简单说,就是思考某一种社会现象时,从"于我自身有怎样的价值和意义;这种价值和意义背后的行为动机是什么? 于人生、生命有怎样愉悦的体验和收获"等这些角度思考,大致可以形成比较有系统的思维路径。

总之,写作训练必须围绕思维训练效果才好,这是现代写作学研究的结论。而若想思维训练有效,则教师有必要探究了解学生的认知规律,进而有针对性地进行指导,"授之以鱼,授之以渔",假以时日才能真正有成效。

参考文献

[1]　王荣生.《语文教学内容重构》,上海教育出版社,2007 年 9 月版.
[2]　彭小明,林陈微.《写作学习论》,语文出版社,2013 年 2 月版.

关注散文写作中的思维逻辑

——由一次作文点评写起

王燕君

上海语文高考的作文要求历来设置为"文体不限,诗歌除外",在这样的前提之下,语文教学中的议论文固然是写作训练的主流,但是散文的写作也不失为一种尝试,尤其是带着哲思的散文,往往给人耳目一新之感,也较能体现学生的写作底蕴。

然而学生的散文写作往往呈现出一种"形散而神散"的状态,情感抒发牵强空洞,过度拔高主旨,而这些弊病的形成是"冰冻三尺"的结果。王荣生教授曾经说过:"散文从内容上是独特的,在形式上是创新的,这个东西是很难教的。散文只能触发,只能培育,只能去触发、培育学生的写作热情"。教师在实际的教学中,这样的"触发"和"培育"也必然要有有效的依据,从思维逻辑培养的角度来解决学生散文写作中的这一显著问题,也许是一种不错的尝试。

以一篇学生习作片段为例:"秋天回乡,桂花树散发着清幽的香,橘子也成熟了。我靠在窗旁,多希望现实是我想象中的画面:坐在躺椅上的祖奶奶剥着橘子微笑地看着我们,爷爷扛着扁担拿出自家种的新鲜蔬菜。可惜的是如今场景已无法回到往昔。在我脑海中的秋天代表了祖奶奶与爷爷艰辛而又幸福的生活,那将会一直存在于我的心中。"

这篇作文出现的明显问题是,前文并未涉及"剥橘子"场景,而是用大量笔墨描写爷爷的农村劳作生活。选文是在文章的倒数第二段,"剥橘子"的场景与"艰辛而幸福"的议论无从契合,怀念爷爷奶奶的情感也无法体现,情感抒发显得空洞虚假,让读者一头雾水。

在写作过程中,任何思想或情感的阐释都不是凭空产生的,文学作品中的出现的伤春悲秋、激情失落、羡慕悲冷等等情绪,必然都是是有依据的,也就是我们所说的逻辑。在史铁生的《合欢树》中,作者回忆了母亲精心呵护培育合欢树的过程,当母亲过世后,"有一年,人们终于又提到母亲:'到小院儿去看看吧,你妈种的那棵合欢树今年开花了!'我心里一阵抖,还是推说手摇车进出太不易。""我问起那棵合欢树,大伙说,年年都开花,长到房高了。这么说,我再看不见它了。我要是求人背我去看,倒也不是不行。我挺后悔前两年没有自己摇车进去看看。"由此,作者才引发了"悲伤也成享受"的感慨。如果没有前文对母亲与"合欢树"的细致描写,那么这种寄托于外物之上的情感抒发就难以令人理解。那么,学生文章中的"橘子"也是如此,为什么单单就是"剥橘子"的场景让我怀念?它代表了什么?事物与情感之间的关联在哪里?如果不能写清楚,只能让读者如坠云雾里。

要纠正学生在写作过程中这样随意抒情的问题,教师在作文点评修改的过程中不妨借鉴"思维导图"来引导学生明确逻辑思维的过程,强调情感抒发的"本源",从而让主旨的表达水到渠成。主要步骤为:确立文章主旨——搜集相关素材——比较、分析素材——判断契合主旨的素材。

以上述学生习作为例,运用思维导图来引导学生写作逻辑思考,呈现的教学过程应该是:首先,明确散文的主旨。这篇任务型作文的题目是《我的秋天》,学生设定的主旨是怀念爷爷奶奶。那么为什么"秋天"跟"爷爷奶奶"是联系在一起的? 为什么到了秋天就特别怀念爷爷奶奶? 由此进入第二个思维步骤,即选取和比较相关素材。人的记忆库中会积淀无数生活场景,但是在特定的情感抒发需求中,素材的选取也是需要慧眼的。郁达夫写《故都的秋》,要表现出那种"清、静、悲凉",于是蓝天下的鸽哨声、破壁腰的牵牛花、泥地上的清扫痕迹这些带着清淡、悲凉气息的物象就被精心挑选来表现内心对故都的秋的独特体验。那么写爷爷奶奶在秋天的生活场景,他们在田间劳作的辛劳、他们收获劳动成果的喜悦、他们给"我"丰收果实时的宠溺等等,都是可以写出真情实感的。关键在于,到底哪些才是跟"怀念"的主旨密切相关的? 必然是让"我"真切感受到祖孙之情从而念念不忘的。而那些吃苦耐劳的品质、达观大度的为人等等,都与主旨思想没有直接关联。既然文章最后"特写"了奶奶剥橘子的场景,那么素材挑选中应该侧重于"种橘子"、"采橘子"、"共享橘子"等等,从而形成清晰的由回忆到情感抒发的思路。通过比较和筛选,学生最后就能顺利评判出素材选择的合理性,扣住代表意义的场景来展现祖孙相处的生活点滴,进而传达出"怀念"的思想主旨。

在这样的思维导图分析后,同班学生尝试修改作文如下:

"那年初秋家中新添喜事,我的诞生让家人欣喜若狂。第二年春天,奶奶在乡下的院子里为我栽下一棵橘树苗。这棵橘树苗与我一同长大,它的母树是一棵更大的橘树,母亲在怀孕的时候便一直吃那树上的橘子。时隔多年,我不能准确描述那棵大橘树有多大,只记得树下的土地高高隆起,形成一个上坡,奶奶总爱抱着我坐在树下的摇椅上,从挂在树上的青橘子一直数

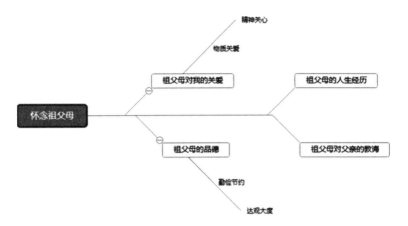

到落在地上的枯橘子。

　　乡下的老家终于拆了,我们搬走之后,那片土地却依然保留着,无人看管。奶奶搬到新家之后却一直念叨着回去看看、回去看看,却终于只是嘴上说说。在她心中有个念头,就是那棵与我同龄的小橘树。奶奶总是对我说,这棵小橘树也会长成大橘树,比你还高,你以后就能吃到它结的橘子了……奶奶念叨着念叨着,就走了。

　　奶奶走后我们回去过一次,那片土地长时间没有人管理,已经变了模样。那两棵橘树依旧坚守着,树下是那年结的橘子,都烂了。我站在两棵橘树中间,仿佛看到奶奶伸长手臂拉住一根树枝,采下一只又黄又大的句子,剥开皮,递给年幼的我。我掰一瓣塞进她的嘴里,再放一瓣到自己的嘴里,酸甜的味道慢慢漾开……自古逢秋便寂寥,若是能与奶奶同在,甚好。"

　　从这篇习作当中,我们看到了整个的"橘子"贯穿于作者人生历程的过程,在细节中能读出作者和奶奶之间平凡而真挚的情感,故而当橘子成熟的秋天来临的时候,作者思念奶奶的情感也顺理成章地打动了读者。

综上所述,在指导学生散文写作过程中可以着重思考两个问题:

第一,在散文的感性描述中注重理性的依据。任何大家的散文作品,其实都有其理性的选材、布局,例如朱自清的《荷塘月色》,为了找寻内心的暂时的安宁,他描写了月色下的无人的荷塘,又联想到了江南采莲的热闹情形,所有这些画面都给予他宁静安稳的内心体验,虽然最终还是回归到"颇不宁静"的现实,但是所有如梦如幻的描写都是为"暂时的解脱"而服务的,在散文写作中"散而不乱"的理性思考贯穿始终。

第二,注重"核心词"的诠释。散文的"核心词"是全文的重点所在,当其已经被作者确定之后,所选择的素材必须为诠释它而服务,切不可"拉到篮里都是菜"。高中生在写作过程中明显的问题就在于素材的积累和选择随意性较强,为了"凑字数"而抛弃文章的核心内容。通过思维导图引导学生在写作前列表,将素材及素材的核心意义列出,在直观的比较中进行筛选整合,使文章的情感抒发更为合理。

指向学生写作思维能力培养的
高中微讲坛建设策略

范雅君

《普通高中语文课程标准(实验)》指出"引导学生在自己的语言实践中发展思维品质,提高思维能力",而思维能力的培养和提高最直观地体现在高中写作教学中。

国外很重视作文教学中思维能力的培养和提高。美国教育界关于作文教学的共识是:思维能力和写作能力有直接关系,二者相辅相成。威廉 W 韦斯特在《提高写作技能》一书中指出:"写作过程能帮你把凌乱的思维条理化,使你的想法经过提炼而清晰起来,并且进一步发展你的思想。"

基于此,笔者在学生的写作思维能力方面,进行了长期深入地思考、探讨和实践。

一、雄关漫漫真如铁——国内高中写作教学中思维能力培养的现状

当下国内高中写作教学,依然存在重形式、重技巧的弊端,"课程标准倡导的'理想的写作',与语文教学不得不从事的'为了生存的写作'分裂了"[1],其中最能体现思维品质的议论文写作,尤其彰显了学生逻辑思维能力的欠缺。从高考作文来看,学生思维能力薄弱的主要表现有:说理浅尝辄止,肤浅通俗;举材堆砌事例,乏善可陈;论证思维涣散,文理苍白。这些都表明高

中写作教学对学生思维能力的培养任重道远。

学生思维能力的缺失，当然有复杂的客观因素，具体分析，大致有如下几点：

（一）信息时代对学生思维方式的冲击

这是一个"浅阅读"的时代。信息技术革命日新月异地改变我们生活方式的同时，也对传统阅读方式发出了挑战。铺天盖地的资讯信息潮水般涌来，人们占有大量信息，却也越来越简化思维的过程，关于这一点，美国埃默里大学的英语教授马克·鲍尔莱因在《最愚蠢的一代》一书中曾经尖锐地指出"信息的加速度一定会带来内容的肤浅化，很多时候，更多的交流意味着更少的意义。"以此审视我们的学生，接受资讯的渠道越来越便捷，但负面的效应就是思维的惰性越来越严重。

（二）语文课程建设对思维理论研究的缺失

语文活动和思维的关系错综复杂，单就思维的分类来说，各家说法就不同。目前比较系统的如斯腾伯格的思维三元理论，将思维分为三个层面：分析性思维、创造性思维和实用性思维。"出色地记住并分析别人的思想是分析性思维方式"，"应该在学校中多注重培养学生的创造性思维。对他们而言，形成自己的思想和观点非常必要"[2]。怀特海也说"科学所唤起的思想是一种逻辑思维"[3]。国内语文课程建设中对思维教学的目标、内容与方法的研究缺乏系统性，仍然有待开发。

（三）教师的思维指导滞后于学生的思维表现

这可以从以下几个方面表现出来：（1）中学语文教材中没有系统科学的写作课程，导致教师在思维训练上的盲目性和随意性。（2）主体思维方式不仅有多变性，且由于阅历背景不同，呈现出不同的思维表现,而传统的班级授课式无法予以个性化的指导和关注。(3)主体思维方式具有当下性,而两周一次的作文批改没有办法及时跟进学生的思维变化过程并予以相应的指导。

二、而今迈步从头越——笔者的"微讲坛"思维实践

(一)"微讲坛"思维实践区别于传统意义上的课前演讲

基于以上分析,笔者在高中语文写作教学中介入了"微讲坛"活动,它有别于传统意义上的课前演讲,具体说来,"微讲坛"在形式与内容上有如下特点:

1. 形式更加活泼,更利于扩展话题参与的辐射范围

"微讲坛"活动利用演讲者与"听众"之间的现场互动,能实现广泛意义上的生生对话,对话过程,更容易"碰撞"出思维的火花;除此之外,"微讲坛"还将"有声的讲"和"无声的讲"融合起来,开辟了课外的"第二讲坛",利用 QQ、微信、博客等平台实时互动,共享好的创意和思想。

2. 思想更加丰富,更利于追求思维的广度和深度

"微讲坛"活动学生为了避免在现场互动环节中被"刁难",势必在讲前进行充分的酝酿和"发酵",长此以往,学生对思维话题自觉进行沉淀和思考,并进而追求思维的广度和深度。

3. 指导更加及时,更利于关注和培养学生的思维品质

"微讲坛"活动可以更有效地关注并跟进学生的"思维流",对学生的思维指导更加注重当下性,有利于培养和提高学生的思维品质。此外,思维品质中也包含情感心理的成分,"微讲坛"活动可以在师生对话、生生对话之间及时捕捉学生的思想

动态,在其"真情流露"的瞬间给以更及时的关注,更好地引导学生树立正确的人生观。

(二)便引诗情到碧霄——"微讲坛"思维能力之指导

如何让"微讲坛"思维实践活动更好地促进高中的写作教学,有效地培养和提高学生的思维品质,从而为科学系统的写作课程的建构积累一些前期的实践资料,并进而在思维过程的"观察诊断"中探索出一些行之有效的规律和方法呢?下面就以笔者在高中开展的"微讲坛"活动为例,以"原生态性"作为主导观察模式,以期运用"行为诊断法"积累一些写作教学指导的实践资料,并就教于方家。

1. 拨开云雾见青天

教师要引导学生深入思考纷繁芜杂的社会现象,帮助其确立思维方向。

美国已故著名文化批评学者尼尔·波兹曼在《娱乐至死》一书中指出"我们生活在一个娱乐至死的时代",的确,在当今"娱乐消费"的时代,学生的感官世界也不可避免地会受到冲击,最直接的表现就是耽溺于八卦娱乐的猎奇心理,"娱乐消费"的直接恶果就是助长了思维惰性。那么,在"微讲坛"教学实践中,该如何开启学生的思维之旅?请看下面的教学实例:

一个男孩子讲一代才女林徽因,重点关注的是林徽因和三个男性之间的情感故事,过分关注细节——追求"娱乐"的心态果真吸引了其他同学默契的"配合",他充分显示了分析性思维的方式,却没有形成自己的观点。该如何引导学生正确认识名人之间的情感纠葛,从而建构一种理性的思维方式,培养他的创造性思维呢?我面向同学问了两个问题:第一个问题,你认为林徽因的选择正确吗？请陈述你的理由；第二个问题，你认为林徽因凭什么吸引几个卓异之士的倾慕？两个问题，两个角度：前一个让学生认识自我和他人之间的关系；后一个问题让学生认识自我内在需求。"一石激起千层浪"，学生热烈地讨论起来。一番互动后，对于第一个问题，大家的基本共识是：爱情不仅仅是个人主观愉悦的情感，它还要和责任、义务、道德等等联系在一起，这样的爱情才是理性的，健康的、恒久的。至于第二个问题，有男同学建议不如让女同学回答，轻松的氛围让最初羞赧的女生放下了芥蒂，敞开心扉站在自我认知的角度谈了起来，我则饶有兴致地发现：这一代的女孩子更加推崇自我奋斗的价值观。比如她们评论：人们关注林徽因，常常是将其作为徐志摩个人的附属品，却忽略了才女个人情感才华的独立性，她不是任何人的附庸，如果她不是卓异的，优秀的，相信也不会吸引众多才华之士的倾慕，由此，女性应该提升自我内在的素质，让自己更加优秀！

之后我又请学生深入思考：作为20世纪文坛上崛起的一批女作家，林徽因、丁玲、萧红等作家的共同特质是什么？学生结合教材上学过的文章，讨论后明确：她们很多都能将自己的个人命运和时代命运紧紧维系在一起，比如萧红对东北农村底层人命运的关注(《呼兰河传》)，比如丁玲对五四时期觉醒的知识青年的痛苦与追求的关注(《莎菲女士的日志》)……

就这样，从最初"集体娱乐"的心态，到后来的思维逐渐走向深入，我利用"微讲坛"的平台，帮助学生建立了横向联系和纵向深入的思维模式，也培养了学生提炼自我观点的创造性思维品质，并通过交流互动，帮助学生树立了正确的评价观和认知观。

有的学生思维比较芜杂，他（她）自己可能浑然无知，教师也难以通过几次作文持续性地予以关注，但是，"微讲坛"活动中生生之间的对话却可以打破这个"壁垒"，帮助学生整合散漫的思维流向，督促其建立清晰明确的思维方式：有一个平时喜欢看杂书的同学，是一个典型的"容器"，表达时口若悬河，但常常是不得要领，拖沓冗长。他没有建构自己思维体系的习惯。一次讲庄子的时候"卖弄"了他看到过的许多东西，貌似懂得很多，但思维混乱，东拉西扯，没有中心。因此，在他讲完之后，我请学生评议，"旁观者清"，一个男生当即犀利地指出：你想要表达的核心思想是什么呢？该生哑口无言，不得不坐下重新整合自己的思维过程。以后，我又请该同学利用课余时间讲给其他同学听，督促其他同学帮助其明确他的思维方向。渐渐地，该生在表达自己的思想时，学会了先认真思考，再谨慎表达，思维清晰多了。

2. 只缘身在最高层

教师要帮助学生摆脱思维中的泛认识论，引导他走向思维的深刻性。

叔本华说"不要让你的头脑成为别人思想的跑马场"，事实上，对某种现象的认识，学生很容易陷入既定的思维定势中，人云亦云，缺乏独立之精神。教师有时候要善于拨开迷雾，透过现象看本质，分析学生的思考是不是"浅思维"。

一个男同学讲药家鑫的案例，评论时他将药家鑫问题症结归因于教育问题，并慷慨激昂地说"教育要解决做什么样的人的问题，然后再解决怎么做好一个人的问题"，将这样极端的事件归因于教育，是一种先入为主的思维定势，更多的是媒体和舆论的导引。平时学生的写作中，也经常是这种隔靴搔痒的议论，该怎样打破学生的思维定式，将之引向深入呢？课前，我已经看了学生的演讲材料，有了一定的思想准备。上课时，我将林语堂的文章《做好一个人》中的一段话投影给学生："做个活活泼泼的好人，及堂堂正正的好中国人，话虽简单，做来却不容易，必有师友多年之切磋砥砺与社会风俗之熏陶，才可以慢慢地培养而成……"

然后，我请同学思考林语堂的这段话可以归纳为几个思维角度？再请同学结合林语堂的这段话，课余时间利用 QQ 空间来评议这个学生关于药家鑫案例的演讲，而且要求每个人对其他同学的评议至少要有 3 个以上的帖子回复。2 天的时间，学生在空间内自由率性地评议，我总结了一下空间中大家的讨论，大概有这样几个集中的话题：一个是当下做一个好人是否是必要的？一个是好人的衡量标准究竟是什么？还有一个是如何做好一个好人？后来在课堂总结时，我肯定了同学关于当下应该"做一个好人"的趋同看法，而对于其他两个问题，我还是引导学生将药家鑫与同时代的其他青年人做比较，帮助学生在纷繁复杂的环境中，认识该如何坚守自我，向善、向美！这种引导，是学生思想交锋的结果！就这样，我不仅帮助学生由一个具体的案例如何摆脱思维定见，思考其背后更深层次的原因，而且还引导学生树立正确的情感价值观，以后再遇到类似的社会案例时，他们也自觉地从人性的角度去深入思考了。

3. 横看成岭侧成峰

教师要帮助学生摆脱思维的单一和束缚，引导学生树立批判性的思维意识。

王荣生认为"语文活动水平的提高依赖于反思性思维水平的提高""反思性思维主要针对思维过程、思维方法进行分析，其中比较典型的有批判性思维"[4]在"微讲坛"活动中,我们利用相互之间的思维碰撞和思维激发,回顾反思自己的思维过程,逐步修正和完善自己的思维方式,从而逐步形成个体的思维习惯。

一个学生讲"理想"的话题,选取了两个素材,都很贴近生活。其中一个素材是发廊洗头妹在红尘中仍保有纯真干净的灵魂。他想告诉大家:现实很残酷,当我们的理想与现实格格不入时,我们不能消极面对,脱离社会,应该想办法适应社会。但是,在改变自我适应社会的同时,不要忘了坚守自己的底线。

应该说,这是比较圆融的思维方式,言谈之中有儒家的中庸之道思想的渗透。但是,在接下来的互动环节中,其他同学却质疑:倘若所有的理想主义者都选择适应社会,那么,这个社会还有希望吗? 再有,你所说的"坚守底线"是怎样的底线? 毕竟,每个人的底线都是不同的,你怎么判定哪一种底线是正确的? 这样的提问不可谓不尖锐,事实也证明:这些是演讲者先前的思维过程中没有顾全到的。接下来的整整一节课中,学生之间唇枪舌剑地辩论,"微讲坛"已经从个体的讲座演变成为"群体讲座",这样有利于学生个体批判性思维方式的形成。后来,我补充了李娜的文章《我学会了与生活握手言和》,肯定了同学的批判性的思维方式,鼓励大家将这种思维习惯保持应用下去,不跪着读书,不盲从权威,而能形成自己独立的思考习惯。

(三)喜看稻菽千重浪——"微讲坛"思维指导之成效

经过一年的实践,"微讲坛"思维指导取得了不错的反响和效果,硕果喜人。

1. 学生的思维方式更加活跃,思维能力有了明显提高

从学生群体来看,一年来的教学实践,最直观的体现就是他

们的写作了,越来越多的同学能够运用辩证的、发展的眼光去看待社会现象,理性地分析问题了,而课堂喜欢运用批判性思维的思维方法去学习分析的学生也越来越多。

2. 学生看世界看社会更加理性,认知观更趋向于客观辩证

"语文的外延就是生活的外延",写作是解决现实人生的各种问题的,日常"目击"的各种社会现象,内心中产生的各种人生的困惑和思考,都可以借助作文这一"尺水"而"兴波",近一年的实践,让学生在面对这些现象和问题时,不再囿于个人的成见,而能更加客观冷静地去分析社会现象,摆脱"小我"之后,是看待问题的视角更加辩证了。

3. 学生的表达欲望高涨,语言表达能力有了大幅度提高

"微讲坛"活动激发了学生的演讲、创作热情,后续效应明显。事实是,半个学期刚过,学生已经对"微讲坛"活动欲罢不能。表达是思维的载体,口头语言表达因其具有瞬时性,更容易彰显出个体的思维能力,话题的兴起、延展、重点、总结等都能呈现出比较严谨系统的思维结构和思维内容。

总之,"微讲坛"活动可以最大限度地调动学生参与的热情,当学生成为思维的主体时,就会有更高的、更清晰的视角去看待自己的思维过程,重新思考和探索自己思维方式的合理性和深刻性,假以时日,也必将形成良好的思维品质。

参考文献

［1］ 王荣生,李海林.《语文课程与教学理论新探·学理基础》,上海教育出版社,2008 年 11 月第 1 版.

［2］ R.J.斯腾伯格著,俞晓琳译.《成功智力》,华东师范大学出版社,1999 年 11 月第 1 版.

［3］ ［英］怀特海著,庄莲平、王中立译.《教育的目的》,文汇出版社,2012 年 10 月第 1 版.

［4］ 王荣生.《语文教学内容重构》,上海教育出版社.

［5］ 倪文尖主编,徐默凡编著.《新课标语文学本选修系列 4：语文与思维》,华东师范大学出版社,2004 年第 1 版.

［6］ ［美］S. G. Paris 等著,袁坤译.《培养反思力》,中国轻工业出版社,2001 年 7 月第 1 版.

高中议论文写作之论据运用的思维推进

陈　慧

【关键词】高中议论文写作　论据运用　思维推进

基于嘉定一中 2016 届高三（3）班物理平行班学生对于作文素材运用的状况的调查问卷分析

论据的类型	文学类	体育类	娱乐类	其他
	48%	22%	18%	12%

论据的来源	教材	《作文素材》	课外书籍阅读	网络
	43%	23%	13%	21%

论据的使用固定与否	固定	不固定
	61%	39%

论据使用的困难	
论据的运用	论据表述不连贯,不灵活,简单的摆事实,不注重详略,缺乏感情
论据的表达	几乎不用修辞,句式简单
论据与观点	论据与论点匹配度不高

议论文要"言之有理",还要"言之有据"。这里的"据",就是"论据"。论据的类型大致有两种:事实论据,理论论据。事实论据指可以证明观点的现象、行为和历史事件,理论论据则是指具有说服力的权威的语言。事实论据主要为论点提供事实上

的依据,从"实"的方面来证明论点,使论点具有坚实的实际基础,令文章具体生动,切实可感。而理论论据主要为论点提供理论上的依据,从"虚"的方面来证明论点,使论点具有理论上的基础,令文章笔墨简练,富有权威。实际写作中,两者有机结合,文章才会既丰满又有神韵。

通过调查显示目前高中生议论写作中论据使用情况不容乐观。(1)近半数学生在选择论据和使用论据时喜欢使用高中语文教材和其他教材中的素材,以文学性的为主,平时真正比较喜欢的体育类、娱乐类素材不太敢在考场中使用,论据的使用趋于保守;(2)当代学生从网络获取的信息量很大,学生尤其喜欢使用搜索引擎搜集素材,组织论据;(3)半数以上学生习惯使用固定素材,即使写作不同主题的议论文,也会使几个固定素材经常碰面,不断地自我复制,导致对议论文写作缺乏兴趣,且所写议论文缺乏新意;(4)学生使用论据时缺少最基本的能力,如概括能力、归纳能力、表达能力等;(5)论据与观点的匹配度不高,表明学生关照整体的意识不强。

基于目前高中生议论文写作过程中的论据使用的现状,我在议论文教学过程中对于指导学生把作文素材转变为论据有所思考,并做了一些教学尝试,试图使学生能对已占有的大量素材进行反思,形成真正有用的论据;让学生能结合论点提炼加工素材,使之成为论据,更好地证明论点;并帮助学生树立文章整体意识,能在整篇议论文层面上注重论据的组合,增强论证的力度。

高中生在议论文写作的过程中,总会轻易地把写作素材等同于论据,不经裁剪,就用来论证论点。这种对材料的简单处理方式,往往使得材料与论点匹配度不高,甚至,材料不符论点,自然论证力度也无从谈起。而高中生自己在写作议论文的时候往往缺乏这种剪裁素材使之成为论据的自觉意识。因此,要让高中生在议论文写作中有意识的剪裁素材,使之成为论据的第一个思维起点,恐怕是运用比较求异思维,明确单个事实论据的合理运用的要点与方式。

为达到这样一个教学的目标,我把议论文论据运用教学的第一环节设计为:运用比较求异思维,明确单个事实论据合理运用的要点。

首先,给出搜狗百科中的一则材料:

元代学者陶宗仪,号南村,终身耕读未仕。课余垦田躬耕,被誉为"立身之洁,始终弗渝,真天下节义之士。"教学之暇,与弟子谈今论古,随有所得,即录树叶,贮于瓮,埋树下,积数十瓮。至正二十六年,整理成《辍耕录》,记载元代的一些史料,是一部具有极高价值的学术著作。

然后,要求学生运用这则材料,来论证两个论点:

(1) 论点:有志者事竟成。

(2) 论点:泰山不让细土,海河不捐细流。

并让学生思考:根据同一材料写的两则论据是否一致? 原因是什么? 学生们在写完后比较,并通过讨论,自己得出了结论:论点不同,构成论点中的要素不同,选取材料中符合论点要素的要点组织论据,使论据和论点匹配一致,才能有效论证论点。所以,在论证不同论点时,即使是同一材料,组织成为论据,其表述也是不同的。由此,学生就能得出提升论据与论点匹配度的一些写作策略:议论文写作中论点要清晰,落实为文字,不能仅停留在头脑中;提炼论点中的要素,并梳理要素之间是什么关系,如有多种关系,明确自己选择写什么关系;明确论点中要点之间的关系后,反观材料,组织成为论据时,要点之间的关系是否凸显出来。

在此基础上,教师进一步启发学生,材料中有哪些明确的细节,可有力论证论点? 不清楚的有哪些,可以补充些什么细节?(说明:材料中的细节,不同于文学作品中的细节。小说中的细节往往增加情节变化的合理性,而散文中的细节增加作品的感染力,这里所说的细节是构成事实论据的细节,包括时间、地点、话语、行为,结果等具体内容。)

在学生讨论的基础上,老师给出补充细节后的材料:

元代学者陶宗仪,号南村,终身耕读未仕,愿"为巢父,为许由,为严子陵,击壤而歌,以为太平之草民,成一家之言,不亦可乎。"课余垦田躬耕,被誉为"立身之洁,始终弗渝,真天下节义之士。"教学之暇,与弟子谈今论古,随有所得,即录树叶,贮于瓮,埋树下,10 年积数十瓮。至正二十六年,整理成《辍耕录》30卷,记载元代典章制度、艺文逸事、戏曲诗词、风俗民情、农民起义等史料,是一部具有极高价值的学术著作。

学生根据补充好的材料和提示语,重新组织材料,写出论据。并进一步讨论明确了单个事实论据合理运用要注意要点:事实论据要素要与论点要素匹配,保持一致性。事实论据要有论证力度,就要具体,有"细节"。

完成第一教学环节,学生可能会在议论文写作中对提炼加工素材,使之成为论据,有力证明论点这点上有所提升。但是,如果没有进一步的思维激发,可能,文章流于单个论据的使用,而忽略了思维的深入。所以,为避免这一状况的出现,第二个教学环节我设计为:运用重复思维,探寻多个论据运用的价值。

由单个论据运用到多个论据运用的过渡,是让学生思考:有了一个匹配的、具体的论据,论点就成立吗? 必然吗? 充分吗? 在这样的问题激发下,学生很快就能意识到:一个论据与论点再怎么匹配、再怎么具体,也不能证明论点的正确性。因为,这样的孤证,不能绝对化证明论点。虽然,郭沫若说的"孤证单行,难以置信"是指古代社会法制、考古、考据方面现象,但运用到我们的议论文论据的论证中,也可以这么理解。既然,"孤证单行,难以置信",就需要思考如何从论据的使用角度,避免这种论证的片面性。

论据使用要不单一,就需要有一定的广度。从整篇议论文来说,根据论点的需要从时间、空间,不同领域、类别组织具有一定代表性的论据,这样才能避免论证的片面性,才能拓展论据的广度,增强议论文论点的可信度和论证的力度。当然,限于写作篇幅的限制,事实论据的叙写要有详略之分,不必都详细展开,需要注意笔墨的详略。同时,应注意到,事实论据在时间和空间上拉开距离,就会使得论据更加具有广度,以增强论证力度。

在完成上述两个环节的学习后,高中学生会对议论文论据的使用要点有一个初步的认识,为进一步加深这种认知,学以致用,我设计的第三个学习环节,就是运用刚才所学知识,对自己最近所写的议论文中的论据加以修改。并在此基础上检视自己平时议论文素材库的积累是否具有一定时空、领域、类别的跨度,是否有令人信服的细节。如若有所缺失的话,就需要对原有素材库进行补充和拓展。与此同时,反观所积累的素材,提炼素材中或隐或显的关键词,便于写作时思维检索。当然,还要积累一部分与自己生活中的兴趣、特长相关的素材,以形成有自己特色的素材。

议论文写作前,同学们往往会准备好丰富的素材,但在行文过程中要么仓促间无从选择,要么往往忽略围绕论点对素材进行分析,叙写素材停留在对现象描述上,未能从思维的角度予以重组。我们知道,议论文写作必须从具体的客观现象上升到某种理论高度,因此在写作中对素材的选择、有效地表述是有力论证论点的基础。只有如此,素材才会转化为论据,才能"物尽其用",起到揭示、证明论点的作用。当然,学生也借此在写作过程中彰显自我意识,使文章呈现出更强的个性色彩。

詹姆士·A.雷金认为:"议论文是以逻辑为基石,以证据为结构,以说服读者接受观点或采取行动(或者两者兼有之)为写作意图的文章"。而我这堂议论文论据使用教学课的设计中,正是渗透了"以论据为结构"的这样指导理念。尝试通过论据运用的指导,渗透一定的逻辑思维方法,使高中生在面对议论文写作时,能够围绕一个中心快速搜索材料,以清晰的思路、合理的结构布局文章,并以科学的精神表达自己独到的见解。

在第一个教学环节单个事实论据的合理运用中,所运用到的是比较求异的思维分析方法解读论点,组织素材。在第二教学环节多个论据的合理运用中,则侧重使用重复思维的方法,运用组织多个论据、深化论点。而第三个教学环节作业的设计,是学生的实践运用,在重复思维和比较思维的基础上,发展创造性思维,养成良好的思维习惯,形成良好的思维品质,培养他们的"开放心态"与"自我"的思维方式。当然,在三个环节中,思维方法时有交叉,或有偏重,但旨在激励高中学生在议论文写作中,有意识地运用比较求异思维、重复思维等逻辑思维方法,养成良好的写作思维习惯,分类积累丰富、独特又有"细节"的写作素材,在此基础上能够围绕一个中心快速搜索自我的素材库,并能合理的结构布局文章,科学地表达自己独到的见解。

当然,高中写作思维的训练非一时一课就能立竿见影,需要循序渐进,有序训练。将在日后的高中写作指导课上,借鉴名家,不断努力探索,反思总结,逐步积累,以期形成自己的写作思维训练序列。

语言与文际

"你"中有"我"

——例谈高中生交际写作中"自我"意识状态及调整策略

张丽杰

引论

交际,即人与人之间的交往,通常指二人及二人以上通过语言、行为等表达方式进行意见交流、情感、信息的过程。

通常人们所理解的交际更侧重于信息的传达,从说话者到听话者,往往围绕一个明确的、直接的、甚至是功利的目的进行交换。若接受者无法领会发出者的意图,这样的交际似乎就是无效的。因此,需要交际礼仪和交际心理学等学科知识来调节和保障交际的和谐。鉴于工具性需要,交际写作的衍生,是为更好地达成写作目的并应用于生活而进行的写作改革实验。

从70年代末交际语言教学兴起,交际写作观念在欧美国家及中国香港等地逐步推行。然而,迄今为止,中国大陆的教学改革中,写作的交际功能似乎仍然是其他任务型写作或文学型创作的附属品。至少,就社会选拔人才和汉语传承角度而言,人们还不太放心用一篇交际作文来衡量学生语文能力的高下,甚至定论其终生人文素养。

从某种意义上说,单纯建立为交际的写作(不论是面向第三读者还是面向自我)范式,仍未能解决学生写作中出现的各类实际问题。

笔者在早先的一篇辨析交际写作要素的论文中,已经发现写作者的动力不能完全依靠读者意识的外在驱动。如何才能使交际写作意识更广泛地渗透到各类写作(体式)中? 如何使作者在与客观对象的对话中,完成内心的自我建构而非生产一个迎合性的文字产品? 本文将结合教学实践作一番探讨。

开放"自我意识"

"交际"的另一种字典解释:融和感通。《乐府诗集·唐祭太社乐章·肃和》:"九域底平,两仪交际。"这个意思在今天的交际写作研究中并未作深入强调,而一般所理解的"交际"写作都是指用于生活现实交往或沟通需要的文体或表达规范。

仔细考量"交际"这一概念的表述,仍然包涵着许多过去尚未厘清、甚至被忽视的要素。如果撇开纯"交际"类(实用)写作,面向"交际"者(尤其是发出者)的写作,角色定位是什么?

笔者的理解是:"融合感通"是为使双方明白、体验、共鸣,作品如桥梁,帮助"会意"是其一,"融情"是其二,简单的传递客观信息应该不是交际写作的真正追求。

交际写作是写作主体在时间、空间双重情境的作用下,结合预设读者需要,主动选择适切的写作经验和方法,实现与主客观世界的意义交流和建构活动。

换言之,读者需要的标准无从落实,因为一千个读者会有一千种需要,即使其期待的作品主题或功能相通,也会存在语言风格、技法构思、审美趣味等差异。因此,在狭义的交际写作定义中,如果要使写作者能够在自我抒写的同时,更多考虑到作品的受众广度,从而引起更多读者的共鸣,那么交际就应该成为一种自觉意识,主导行文过程,保证作者不是处于自我封闭状态,而是保持与未来读者的心理互通。

有了这样的互通,作品的情绪始终是开放的,它能经得起时间和空间的变迁,仍然适合读者理解。如果一个作品铺设了读者情感的进入通道,正如孟子所说的"以意逆志,是为得之"。那么,我们也可以认为它具备了交际功能,即"融合感通",优秀的交际作文,应该兼具信息传递与情感交流功能,帮助作者和读者相互体认,相互促进,向着精神世界的回归。

刘淼①在他的写作能力结构中提出了外语境和内语境的动力系统,他认为写作动力是写作主题心灵背景的"场"性存在。写作内驱力的持续,不仅需要外在任务的刺激,也需要对情感的激活。交际写作既不是让作者冷眼旁观,完全沦为应用文的执笔者,也不能感情用事,无节制、无策略地堆放情感。而是用相对理智的表达,合理地找到情感的出口。笔者颇为认同。

审视"自我意识"

(一) 交际意识中"我"的隐没(自我身份的意识)

观察学生的写作,不难发现,不论是记叙性还是议论性作品,当作者没有自我意识的融入,作品就无关痛痒,打动不了自己,读者也无法走近。因为他们的自我意识和对象之间保持着距离,甚至把写作主体"悬空",把心理反应"强塞"给读者,生怕自己的"不饱和"心理被发现。这样的状态可以理解为"自我"意识的隐没,或无意或刻意,缺失文章的"输出"目的,堵塞了通往主题的路径。读者需求将产生偏差,从源头上就已经切断了

---

① 刘淼,曾洁:《言语交际视域中的写作能力及写作教学》,选自《课程・教材・教法》,2011 年 9 月第 31 卷第 9 期。

情感的"活水"。

此处引两篇学生习作——《读书如_____》的例文：

A 文:《读书如吃饭》——你若喜欢上了一个菜,就会去一遍一遍地品尝,感受它的美味。……你若喜欢上了一道菜的厨师,便会去品茶他更多的菜,红烧类的;水煮类的;清蒸类的;或中式或西式的……你若喜欢上一道菜的味道,你就会去了解菜中放入的调味料,然后一次次去尝试自己做。

B 文:《读书如行舟》——你在广阔的海洋行舟,多读一本书,日日积累,总有一天能成就一个学识渊博的你;今日你在漆黑的夜晚行舟,明日你能无惧未知的前路;多读一本好书,总有一天书中的力量能照亮你的前路;今日你在凶险的流域行舟,多读一本深奥的书,总有一日你将不会因看不懂书中何意而发愁。

比较后不难发现,A 文所预设的"你"或许是个假读者,恐怕没有一个喜欢美食的人会真的去做。似乎对应不同的读书阶段,但实际上是把"喜欢"的逻辑作了一番生搬硬套。这时自我隐没,对交际来说是消极的。

B 文则更符合读者的心理需求,具有劝勉及感染的力量。又针对读者的弱点(无法坚持),逐渐消除心理困难。这个"你"的运用,恰恰体现了作者的"在场",这种自我隐没是积极的。

"自觉的读者意识,能促使作者明确自己的读者定位,深入地研究那些可能成为读者的人群。努力地为自己所要表达的信息与可能的信息接收者的阅读期待找到最佳的契合点。"如果没有自我意识的主导,恐怕这个最佳契合点的寻找也将被忽视,更无从考虑读者的需求了。自我意识的隐没并不是抛开自己在表达中的责任,因此必须分辨清楚"自我"意识的存在方式。

（二）交际意识中"我"的霸权（尊重原则）

与以上相反的情形是"自我"意识的鲜明表征,如记叙性作品中以"我"为视角进行叙事,但这种第一人称叙事未必通用,还应考虑到叙述目的,使读者方便接受。需要冷眼旁观的作品,过多掺和主观的视角,有时反而给读者增加负担,混淆主次。此处不再引文赘述。更常见的问题是,学生写作议论文过程中,也经常以"我的经验"为主宰,先入为主或专断化说理,或狭隘地谈自己有限的学习体验,或套用自己陈旧的素材积累。

再引笔者所教高二年级学生的议论文习作——评价郭敬明的电影《小时代》。

A文——那些出身底层的观影者,有幸被郭敬明所描绘的物欲横流的世界唤醒了野心和上进心,早早就因此立下了冲破阶层的理想。……《小时代》煽动的场景就是底层孩子们贪婪的眼睛,用对物质的渴望勾勒出这个国家巨大而深刻的阶层、地域之间的不平等,唤醒了那本不该有繁华梦想的穷孩子,诱惑他们去追求、去奋斗。一句话总结:无论《小时代》的文学价值如何,他光是打开了贫乏、闭塞的青少年的眼界一项,就已经功德无量了。

B文——我们为什么喜欢《小时代》,也许有一大部分是因为它满足了我们日益膨胀的物欲和对文化新贵生活方式的好奇心。大方地承认吧！我们是在羡慕。这个时代在不知不觉中改变了我们,什么时候我们的价值观竟如此向着物质方向偏移？

细思极恐。……这个时代是我们的时代,我既没有对于未来宏伟的蓝图,也没有一个哪怕肥皂泡一样的白日梦,我只是一个迷失在这个生硬冷漠的摩天大楼组成的森林里的小人物。未来的我将会成为一个怎样的人,在这样一个时代中我又将何去何从？

姑且不论两文读者意识的强弱，不难发现其自我立场的定位截然不同。A 文是以底层平民的功利立场发声，B 文是以普通人的价值追求而引发的自我反思。细看前者的用词，叛逆式的思维因子已经长成，这与作者的世界观、人生观有一定关系，该生确实在性格上有些灰色；后者同样发现了物欲的强大影响力，却转而面向自己真实的内心世界，反思自我的未来。在较为强硬的语气下，自我意识带给读者的印象深刻。但当自我意识与狭隘的思维相联系时，它就成为了一种霸权，似乎为读者营造了一种"贫苦"的语境，将读者置于"消极"的一端，影响堪忧。反之，B 文虽然也有批判意识，但更多的是从主观原因中寻找答案，这种引导读者思考，"想其所未想"的先决意识，倒也难能可贵。

至此，我们应该对交际写作中的"作者"与"读者"关系作出新的审视，而不能笼统地认为交际只是单向的满足，写作的心理影响力应该是相互折射的。[①] "读者因素对写作活动能产生积极的正面的影响是有前提的，那就是写作者在写作中的主体意识不能因迎合或讨好读者而丧失其独立性，否则将导致写作行为的异化。"我们必须清晰地鉴别自我意识的性质，关注受众读者的导向。

完善"自我意识"

1. 课堂内外引导学生养成理性的自我意识

实际中学生并不缺乏自我意识，而是缺乏理性的表达，需要

---

① 周国平：《读者意识与写作教学》，广西民族学院学报（哲学社会科学版），2004年12月。

建立健康积极的自我意识观念,而这个观念应该建立在读者意识的前提之上。交际原则中很重要的一点是礼仪原则,也就是双方的情感交流应该是言语得体,和谐舒适的。在"礼"的文化框架中,拥有看待世界、人生、他人的正确态度,既不一味迎合,也不强势偏执。在哲学领域、政治领域、心理学领域,引导学生认识自我,省视内心,兼具"小我"和"大我"情怀,能够处理好与自然、与集体、与对立面的关系。

这又势必会落实到语文学科的育人价值,可以从阅读教学中进行主题搜集和讨论,使学生能够学会辩证处世,多从交际对象(人或物)(具象或抽象)出发思考问题。也可以以现有的教材为分析模本,把握自我意识的渗透形式,学习其语言架构和表达方式,学会用适切的语言去表达自我,引导读者。(如梭罗的《瓦尔登湖》是如何将作者的心声与读者的关注相联系的,那个"契合点"是什么?)

2. 文学作品反观读者意识,促进自我意识的提升

根据接受美学的观点,作者——作品——读者三者才构成完整的写作交流活动,体现作品的价值。也即读者需要反向评定作品的创作初衷,假如能在写作之前,先了解读者需要,确定几个比较明确的量规,那么作者的自我意识将更有针对性和积极性。[①] 接受美学的代表人物伊瑟尔说:在文学文本的写作过程中,作者的头脑里始终有一个隐在的读者,而写作的过程便是向这个读者叙述故事并进行对话的过程,因此,读者的作用已经蕴含在文本的结构之中。

借助逆向思维,我们是否可以从读者接受到的语言信息出

---

① 伊瑟尔:《隐在的读者》,上海译文出版社,1974,p.78。

发,反向梳理作者拥有的自我意识,从而明确交际写作中自我意识应该如何渗透。在语言逻辑、语汇措辞的表征下,深入研究一部作品、一个作家的行文特点,从而使交际写作在不同的文体或主题下更具有操作路径。(如马丁·路德·金的《我有一个梦想》,将读者需要的两个层面的内容进行匹配对照,不难发现,两者在写作构思中被演讲者放在了天平的两端)。

3. 写作教学多角度开发自我意识情境,形成多元读者意识

交际写作中读者意识的重要性不容置疑,但并不能就此放任写作者主题意识的削弱甚至隐没。是什么保证了交际的中达到"融合感通"？在读者尚不确定的情况下,写作教学中要尽力开掘自我意识存在的语境,以"我"为隐含读者,自我内心的对话。以高中语文教材中的几篇散文为例,我们发现了这样的情境范式:

《回忆鲁迅先生》一文,有家居生活中"贪吃"的煎饼,到接待革命同仁时饭桌上油煎的黄花鱼,有妻儿共同包的饺子,这些烟火气缭绕在看似"无序"的回忆中,作者时时跳跃在文本中,介入叙事,也为读者预留了介入角度——亲近的朋友,在这个姑娘的引荐下走近了鲁迅的家。但萧红却填补了陌生读者对鲁迅的好奇心和距离感。萧红在自我回忆中,重新体会那份人间温情,这种自我意识首先是作者的"自我入境",可以称之为"回味重温式",可借鉴其融情而动人的叙事方式。

杨绛笔下的《老王》,可能是无数个"老王"中的一个,但作者却从自我角度去关照一个平民的生活。"他从没看透我们是好欺负的主顾,他大概压根儿没想到这点。"以我们来反观他,拓展了读者的关注空间(老王和杨绛的融合感通)。"我们从干校回来……","我记不清是十个还是二十个,因为在我记忆里

多得数不完",(我)"一再追忆老王和我对答的话,捉摸他是否知道我领受他的谢意"。这里的自我反思,是作者把自己的待人之道,把自我放在道德天平上进行审视的情境,体现了交际原则中的"真诚原则",祖露心迹,给予读者更真诚的人生领悟。

当然,在交际语境中,还涉及互利合作原则、宽容原则、尊重原则等,限于篇幅,搁笔待论。

总之,在交际写作勃兴之时,我们仍然要广义地审视几组要素关系。没有读者意识的写作,是私人化、小众的、静止的写作状态,孤木难成繁茂荫;而没有自我意识的写作,冷眼旁观的写作,情感的"融合感通"将受到阻碍,难以解开与读者的对话密码,一纸空文也惘然。

参考文献

[1]　沪教版高中语文课本(华东师范大学出版社).

[2]　周国平.《读者意识与写作教学》,广西民族学院学报(哲学社会科学版),2004 年 12 月.

[3]　伊瑟尔.《隐在的读者》,上海译文出版社,1974,p.78.

初探读者意识在交际作文中的积极作用

施敏慧

一、背景与问题

目前,我们语文的作文教学遵循着传统的作文教学观念"重表达、轻交流",追求"立意高、选材精、结构巧、语言美"为写作目标,作文成了封闭在真空里的、纯粹的文字技艺、文章制作。大多数学生畏惧甚至厌烦作文,写作时常常处于机械、被动、单调甚至冷漠、无奈的状态,没有写作的动因与热情,致使学生从小学三、四年级开始写作文至今,长期以来作文水平没有提升。

语文教师的作文命题方式不外乎三种:一是命题作文,二是材料作文,三是话题作文。此三者均发端于考场作文的命题方式,这也是我们作文教学长期难以快步发展的一个主要原因。学生们逐渐丧失对作文的兴趣,因为这样的作文训练是完全丧失了作文的本原动机——交际。

其实,写作是运用语言文字表达思想、交流情感的重要方式,写作的实质就是对话,是言语交际的表达行为,是作者与读者之间运用背景知识,基于交际目的,针对具体语境而进行的交流活动。

语文新课标指出:语文是最重要的交际工具,口语交际教学的任务是:规范学生的口头语言,提高口语交际能力,培养良好的听说态度和语言习惯。

而在"表达主义"的取向下,学生作文训练时,只注重学生作文立意的深刻,关注作文训练的文字技巧和形式,使学生的作文失去了心灵的自由和本真。不考虑作文的针对性,不考虑作文的读者效应,也不考虑作文的目标和价值,在一定程度上成了语言文字上的排列组合游戏,写作已经失去了基本的交际功能,和现实生活失去了联系,这一点,与原来的教学大纲所要求的"能文从字顺地表述自己的意思"的"表达主义"取向不无关系。

二、读者意识是作文交际功能的必须

1. 作文的交际功能

吕叔湘先生曾说:"文章是写给读者看的,就得设身处地为读者着想","我写文章总是想到有一位读者在我的旁边看我写"。吕先生话中所涉及的,就是我们所谓的"读者意识",它呈现出作文的"沟通"这一交际功能。

近年来,美、英、澳、俄、日等国写作课程标准纷纷强调写作的交际和语境功能,提出为"为读者而写","为不同的目的写","根据情境、目的和对象调整写作"。

在生活与工作中,人们其实都是由于交际的需要才开始写作的,例如:写信、写论文、报道新闻等,人们要知道为什么而写,知道写给谁看,知道要写些什么,知道自己需要用什么方法来写才能达到交际目的,所以他们在写作时,目标明确,对象清晰,主题鲜明,心态自然轻松,能够恰到好处地完成交际任务。

那么我们的学生却是与一般人实际生活中的作文环境和动机有所不同,他们主观上似乎是不存在这种类型的交际需要,而作文教学中的各种写作要求,更是无法激起他们用这样的方式达到交际目的的愿望。

那么，如果我们把作文活动看成是一种交际活动，语文教师就要让学生明白为什么要写这样的文章，写这样的文章要达到什么目的，把写好的作文给谁看等抽象层面的问题。作者要向交际对象传达自己的思想感情，"对什么人，说什么话"这就是"读者意识"。

2. 读者意识

基于交际写作观，"读者"不再仅仅是文章的被动接受者，而是与作者一起进行交流的积极对话者、文章合作者；作者不再仅仅是信息的发出者，而是一场对话交流的组织者和协调者；"作品"不再仅仅是"写的结果"，而是具有交流和传播价值的文本。

学生写作过程中如果不具备读者意识，就势必会影响到文章应具备的良好品质，诸如作品不符合读者的心理需要、品读趣味和接受能力，或对特定的读者而言不具备可读性。

Elbow 曾将作者与读者之间的关系形象地描述为骑在同一辆自行车上的车手，作者是舵手，读者是蹬车手，作者心中有读者，也就有了写作的动力。因此学生必须要逐渐拥有"读者意识"：为自己写作，为熟悉的读者写作，渐渐为无定的读者写作。

三、提高学生读者意识的思想方法和实践行为

"交际写作"是一种"读者导向、交流驱动、语境生成"的写作。为此，要培养学生的"读者意识"，发挥作文本身的交际功能，激发学生的写作热情，引导学生在作文活动中学作文、用作文，从而使学生产生想写、想写好的内在动力，形成乐写、会写、善写的良性循环。

"交际写作"首先培养学生写作时的"读者意识"，使学生有

根据不同的交际对象进行创作交流的意识;其次老师为学生作文营建"交际场",创设交际情境,使学生在此语境中,完成作文的动态生成。此举,对学生而言,交际意味着主体性的凸显、个性的张扬、创造性的解放;对教师而言,交际意味着上课不仅是传授知识,而是一起分享理解,促进学习,是生命活动、专业成长和自我实现的过程。

1. 交际作文的命题设置——读者意识的确立

教师如何在学生作文的各个环节设置或模拟出真实的作文交际语境,替他们拟定一个假设的交际对象(读者),让他们在此基础上明确自己作文时的读者,弄清自己作文的交际目的,以交际的方式在进行作文训练等问题上有所预设和准备的,用来启发学生的思维,引发学生的作文兴趣,让学生不知不觉地进入假设的交际生活语境中去,这一点就显得很有必要了。

因此,我们教师在作文的第一环节——命题时,必须建立在学生生活基础之上,瞄准学生的生活,使他们有话可说,有话能说,有话想说,有话敢说,给他们创设一个敞开心扉,愿意交际的语境和氛围。

例如,某些国家的写作命题可以给我们一些启示:

法国的作文命题:

① 我们家中都有汽车和摩托车或自行车,请写文章,向你的朋友介绍,春天踏青,你的选择和选择的理由。

② 请以吸引外地人到我们家乡来旅游的目的,写一篇向外地人介绍家乡旅游资源的文章。

这两个命题,都为学生设置了交际语境,拟定了假设的交际对象,有具体的交际目的,学生可以通过自己喜欢或擅长的方式,对什么人说什么话,使他们以不同的身份在不同的交际语境中表情达意。

不同的交际对象,会生成出不同类型的写作。

如果交际对象是自己的,那么写作中的内容对自己而言是最为清晰的,可以自由流畅地表达自己的感受和想法。

如果交际对象(读者)是周围熟悉的朋友——既定对象,在这样的交际语境中,作者通过自己的作品展示,表达自己的思想、观点,抒发自我的情感,展现自己的写作才华,达到交流乃至发表的目的。

如果交际对象是文字的评定者、考核者,若为考核者而抒写,应试作文是作者向考核者展示根据考核标准所创作的内容和技巧;比赛作文,根据不同性质的比赛要求,根据考核者的评价标准和审定目光而作文。在考核者的批阅、评价和审定中完成交际过程,其交际目的,是希望得到考核者的认同与肯定。

另外,既然写作与生活紧密相关,现实生活中的交际语境需要学生学会用适当的语体,向不同的交际对象进行表达,以达到交际的目的。通过各类不同场合、不同性质内容的介绍说明、对生活中相关内容的建议评价,完成各类交际活动。

所以要引导学生从读者的身份、年龄、性格、与作者本人的关系,及其阅读目的、接受水平、审美情趣等方面出发,对读者进行分类、定位,引导学生根据不同类型的读者,采用不同的写作内容和方式。

读者是构成作品的要素之一,与读者对话是写作活动的终极目的,读者阅读作品,写作活动才真正完成,只有培养学生的读者意识,引导学生从交际、沟通的角度出发,写作时才能表达自我,抒写真情实感,并与预设读者进行平等性的对话,才能够获得自己期待的读者的某种反应。

例如:日本对初中的学生就提出了"准确把握对象,在表达上下工夫,生动地讲述或书写出自己的感想与感受","选择适合的对象,根据已定的目的、形式和文体,书写通讯、便笺等",对不同对象(读者)应次运用的方式作了细致的要求。

2. 创设愉快轻松的语言交际环境和氛围——交际场

保加利亚心理学家洛扎诺夫的暗示教学法的原则之一就是:愉快而不紧张原则。洛扎诺夫认为"不愉快的事往往会被知觉抵制,而且凡是被试者认为不愉快的事,总不如被他们认为愉快的事记得牢"。那么只有消除生理和心理上的疲劳和紧张,创造愉快而不紧张的环境,形成一种积极的、自信的精神状态,人的思维活动才会最活跃。

欧美向来重视写作的交际语境功能。亚里士多德在《雄辩术》中提到交际活动是听话人、说话人、信息内容和形式的交互过程,从作者、对象、话题、目的、语言等建构写作交际模型。交际作文,内容是由交际目的和交际双方的关系来决定的,形式是由如何展示交际目的与体现双方关系来决定的。

那么学生写作时,正确设置教学外部环境,诱发学生学习的潜在能力,造成一种学习最佳心理状态,激发学生的写作动机是我们在作文教学过程中所要注意的问题。

从作文的交际内容和形式来看,根据学生的生活特点,他们交际的素材大多来自于实际生活,他们愿意向他人展示自己生活的各方面,以及对生活的思考与认识,他们零碎的思想就是他们想要交际的内容,而且更愿意用不拘规则与框架的"随笔"、"博客"的交际形式来表述。我们不难看见,他们其实需要借助话题,让读者倾听我的声音,他们同样需要读者反馈,需要倾听读者的回音,获得自己期待的反应或结果。我们要引导学生思考把这些内容以怎样的方式来呈现,以怎样风格的语言措辞与口吻语气来表现。

洛扎诺夫的心理暗示法,善于激发动机,设置能够诱发学习潜力的环境,充分考虑到学生个性的完整,消除他们紧张心理,调动他们的情感意志参与活动,同时,本认为作文是艰苦的劳动,认真严格从事的活动,经过这样的调整,作文完全可以是一种轻松愉快的活动。

而教师可以在考试作文和上述"另类"写作交际中找到一个平衡点和连接点,这一点是需要我们老师自己思考和筹谋的,这就是我们在作文教学活动中,考虑到作者(学生)的心理状态,努力为他们创设愉快的交际语境,使他们在这样的语境中乐于表达和善于表达,充分地向读者表述,生成读者能倾听我发声的"交际场"。

我们可以根据交际对象的不同,设置若干课程,尝试一下,以"读者意识"为轴心所区别划分的交际作文序列。

根据不同读者,这里暂且划分为"自我体"、"读者体"、"应用体"、"考核体"四个类型,而不同类型的写作,就有相应的内容或语言风格,以此适应不同的"读者"。

(1)自我体

学生本人是读者,通过两个内容来实现。其一,"日记、博客"类,此类写作,重在记录生活的点滴,记录自己生活过程中的经历、思想和各种心得与经验,是生活简单而直观的反映和积累,呈现自己的成长过程,其目的是为备忘、体会、自省、悦己,可以在过去、现在、未来不同的时空自我对话,明晰自己身心成长变化的轨迹;其二,"随笔"、"涂鸦"类,较之前者,除了记录彼此彼刻的思想,其文学性更强,更具有创作性,是学生最易投入的表达性写作。这种写作,不必考虑读者影响,"有感而发",自我见证作文水平的逐渐圆熟,是没有"读者意识"负担的最原生态的文学创作。

日本的课程标准中就对学生提出了"将自己三年学习中所写的汇编成册",来倡议学生进行自我总结的写作呈现,以显现"自我体"作文的价值意义。

（2）读者体

作为学生这一特殊的作者身份,作文的交际对象可分为两类,一类是校园中的同学(既定),另一类是校园之外,其他媒介平台的读者(不定)。在这样的交际语境中,作者通过自己的作品展示,表达自己的思想、观点,抒发自我的情感,展现自己的写作才华,达到交流乃至发表的目的。无论是校园或是其他媒介平台的论坛,其交流对象(读者),都会作出相应的回应,形成互动。

"校园文学创作"的读者群基本是自己熟悉的同学,在这交际场中,每位学生既是作者又是读者,学生拿出自己作品前,会考虑到读者的趣味和审美感受,他们会反复推敲,仔细咀嚼,审度再三后呈现在他们朋友或同学面前,而同学、朋友是你最值得信赖的读者,因为彼此信赖,又能因各种相识相知,极易产生共鸣或作出最恳切的反应,和读者之间彼此协商、互助鼓励的氛围,形成充满鼓励性的"交际场",读者的肯定既是交际目的的实现,又必将增强作者对写作活动本身的兴趣,形成良好的循环。

"论坛原创",借助于网络平台,给学生提供了更广大的读者群、新的沟通方式,使作者与作者、作者与读者、读者与读者之间的交流沟通更立体、复杂和丰富,碰撞出更多的思想、智慧火花,使交流达到一个新的高度,从更大程度上刺激作者的创作热情,他们对读者的反应更关切,促进他们不断改进,"读者效应"成为"交际写作"过程中最强的推动力。

因此,教师就在指导学生写作活动中,除了为他们创设、提供或从心理上模拟一个愉快轻松的交际语境,还要采用不同形式或手段,使他们能在活动中充分享受这种交际带来的实际效果和快感,使他们保持这种良好的、积极健康的交际愿望。如果说,我们的考试作文需要一定模式的技巧,那么我们可以在"规定动作"之后,让他们登上另一个交际平台,用自己擅长和喜爱的方式表达情感和观点。

（3）应用体

写作与生活紧密相关,现实生活中的交际语境需要学生学会用适当的语体向不同的交际对象进行表达,以达到交际的目的。通过各类不同场合、不同性质内容的介绍说明、对生活中相关内容的建议评价,完成各类交际活动。此类写作,可分为"实际生活类小文"、"说明、评价与建议"两种体例,其内容与现实生活最密切相关,具有极强的实用性。

德国母语教学的基本原则是"以语言交际为方向和目标的"。为了有效地培养学生的交际能力,德国教学界就提出了交际能力的两个标准:一是"交际—实用化",二为"交际—标准规范化",而应用体就属于前者这一性质与范畴。

比如:为你的新产品准备一份广告,要尽量做得响亮一些,与众不同。那么这种应用体文章就必须针对产品使用者（读者）来制定内容:突出主题,推出产品（关于产品本身的实际情况、产品运用的必要性、市场调查效果、试用过的人们的评价、并写上个人详情,以便进一步联系……）。这就是属于"说明、评价与建议"性质的写作。

美国的课程标准中对二年级的学生就提出了类似上述性质的写作要求："事件报告"、"用法说明"、"邀请信"等；到了高年级，根据写作任务，提出了"阐述不同的意见"和"解决方案"、"跨学科写作"的应用文。

这些与生活密切相关的应用文，具有极强交际功能和意义，与读者对话时，完全被读者的身份和需求所要求，从对方倾听后的效果出发，交际的目的具有交际的实效性。

（4）考核体

此类交际对象是文字的评定者、考核者。"应试作文"的读者是唯一的，即考核者，学生向考核者展示根据考核标准所创作的内容和技巧；"比赛作文"根据不同性质的比赛要求，根据考核者（读者）的评价标准和审定目光而作文。在读者的批阅、评价和审定中完成交际过程，不存在彼此生动的互动，学生只是在肯定或者否定中了解读者的态度和作文有无达到写作目的。

由此，我们教师可以从中搭建和前三种读者群之间关系的平台，使他们之间找到一个变通的渠道，改变读者群，给学生的写作带来不同的契机。

例如：游记类作文，如果作为考试类的记叙文要求，他们的读者只有一个——考核者，老师，然后他们会从立意、选材、构思、语言等各方面受限制于读者——老师，交际的目的——完成一篇规范的记叙文等所设的标准，所表述的内容或形式乃至心态是被考核者所左右的，在作文活动中，他并不是出于轻松自然愉悦的环境和状态。

其实，游记的内容也来自于生活，那么教师可以运用洛扎诺夫的心理暗示法，为他们创造另外一些愉快而不紧张的"交际场"——旅行日志、口头介绍自己最喜爱的景点、××地旅游攻略等不同形式,写作动机改变了,形成一种积极、自信的精神状态,使他的思维活动更活跃,同时改变了读者、交际目的,自然学生写作时的交际语境也随之变得轻松自然起来,交际的内容和表达形式也有了各种不同的变化,愉快而轻松地"发声",可能的话,还会产生"发声"的后续效果。

3. 重视读者反馈心理暗示的积极意义

除了创设轻松舒适的环境外,利用权威,使学生对教师、教材、教学环境产生信任感,达到学生乐意接受的目的。可见,权威是一种不可忽视的暗示手段,洛扎诺夫的心理暗示法中"暗示手段相互作用原则"中就有提出。

其实,学生作文活动中有一个重要的读者——老师,而且必然会对作者作出交际后的反馈,最常见的形式是对他们作文的批语或评价。

平时我们遵循作文优劣衡量标准,习惯于从主题、结构、语言、表达等几方面来进行评判,使用的措辞也往往是"主题鲜明,意图明确,题材丰富、结构严谨、条理清晰、语言流畅、表达方式多样、表现技巧有效"等这些文章学的术语来评价,这些文章学的术语极具抽象性,学生们看来似懂非懂,让学生高不可攀,既打击了他们的信心,又挫伤了他们的锐气,最终迫使部分学生对自己的作文水平陷入悲观失望的境地。

当老师采用学生相互讨论批阅时,读者便不再是高高在上的"权威",那么这样的批阅方式,给了学生一个反思自己作文的机会,也给了学生比较他人作文的机会,还给了学生重新思考的机会。那么在这样的批阅方式中,交际活动的身份和目的都有了变化,相互间的评价就不会如老师术语那般高不可攀了。

交流互动体现在"批改"环节,作者需要双方或多方的情感交流,这种互动来源于交际对象的阅读过程和反馈(即评价),与作者写作有相应的呼应才算是完整的过程,无论是作为交际对象的老师上下层次的指导,或同一层次的同学互评,他们希望在老师的讲评中了解自己写作活动中的成功与不足,从老师的批阅中寻找到作文更好的思路和方法,表现出对写作活动的心理接受和积极要求,同学的互评则让作者得到相同层面的评价与呼应。作为交际对象的老师或学生,他们的反馈给了作者强烈的心理暗示:成功或失败,而这将影响到他们之后的写作情绪和兴趣,对以后或将来交际心理产生积极或消极的影响。

美国人针对中学生的作文提出了一个所谓的"清楚表达理论",只要学生在作文中把自己想要说的意思说清楚就行了,也就是说,学生训练、教师指导、评价以学生在作文中用书面语去向交际对象表达自己的意思说清楚就行了。

因此我们不妨把学生的作文评价标准设在用于交际的生活化来评价,除了从考试作文的文章学来评判外,给予他们"平民化"的交际反馈,例如可以设置成面对面地对话式语言、交流式语言、探讨式语言等,在评语中构置一个愉快舒适的交际氛围,保持整个交际活动的愉悦性,使反馈者的评价在心理暗示上起到积极良性的作用。

例如:教师在评价中可出现这类文字:"我们握个手吧,为相同的经历和看法"、"同样的材料,可以去看看小 A 是怎么想的"、"对这事的细节,我想了解得更多点"等等……相信,这样交际活动的写作是作者所喜欢和欢迎的。

四、读者意识在交际作文中的成效性

培养学生的"读者意识",使学生在写作之前,明确作文的交际目的、对象、写作预设效果，培养"为读者而写"、"为不同的目的而写"的意识；教师创设"交际场"，给予学生写作活动充分而具体真实的言语动机，有效解决"学生机械、被动、单调"不愿写的心理问题，提高写作兴趣。

可见，交际作文，它能赋予写作活动充分、具体、真实的言语动机，有效解决"学生不愿写"的问题。语境要素如话题、读者、目的的交互作用就是最重要的动机源泉。

交际作文，它能有效解决写作过程中的思维和内容创生问题，有效解决"没的写"的问题。针对读者需要提供他所需要的信息，并对他(她)进行对话交流，这种对话交流过程就是写作内容、材料产生的过程。

交际作文，它可以有效解决"怎么表达"的问题。因为只有考虑到读者的意愿，根据不同的读者，符合具体语境的表达才是对的、好的、得体的。

交际作文，它可以解决困扰我们的应试写作问题。在命题时，只要加入具体的交际语境条件的限制，就可以克服"假话作文"、"文艺腔作文"、"模式作文"等作文教学的问题。它对"生活写作"、"创造写作"等旁类写作具有理论指导意义，因为这些写作都是有具体交际语境中的写作。

另外，在阅读了一些国外的语文课程教育要求的读本，接触了一些国外中学生语文学习的实例后，感觉到我们学生目前写作心理是与课程要求不无关系。从他们小学作文起步伊始，他们就在教师规定的模式和范围里行走，作文作为语文知识体系的一部分，作为教师，总努力传授他们方法和技巧，并以之来考量，学生便根据此作为唯一的读者——教师的判定，努力达到要求和标准。

160

在整个写作活动中是无法显示作文所具有的交际性。

反观,国外的作文教学,他们往往以把发展学生的智力为作主要目标,他们认为,力图把作文领域里的全部知识传授给学生的作法是徒劳无益的,过于偏重知识方法技能的传授,会忽视学生的兴趣和能力的培养。

例如,英国的语文课程中关于写作,是帮助学生了解写作的价值所在,作为一种记忆、交流、组织和发展自己思想和信息的工具。写作是一种享受,学生应学习独立地、就自己感兴趣和重要的题目进行写作,并学习给不同的读者写作,这便是写作活动的交际性,在愉悦的环境中,向交际对象表达需要表达的内容,目标明确。

在这点上,课程标准的差异,使教师的教学目标和要求也有差异,导致学生写作心理也有相应的不同结果,学生在喜欢的写作方式选项中"随笔"、"博客"的大受欢迎,是与国外的写作教学理念不谋而合,体现出了"读者意识"的特征。

加拿大的语文课程标准中对写作的要求是:学生们必须成为训练有素的思想家,他们有必要学会筛选和组织观点,心里放着要面对的读者,例如八年级学生中就有"选题,确定写作目的及文章的读者";法国的语文课程中八年级的作文要求之一是考虑陈述的情境,使语言适合于读者。

由此看来,在国外的作文教学中,把"读者意识"放在很重要的位置对学生加以要求,他们作文的价值取向与我们作文的价值取向的不同,使我们学生处于被动写作的角色而不是主动写作的角色,也导致了他们写作心境、心理品质的差异,从调查问卷中,始终能觉察到学生的写作有交际对象相呼应的需求,但过程、结果和考量却不能达到他们所期望的,这也是他们目前作文心理状态的一个极其重要的原因吧。

关注读者意识,或许才能真正达到作者与读者之间愉快的交际目的,完成完整和圆满的交际过程,体现作文的交际功能和价值。

浅谈得体的汉语运用
在现代交际中意义和作用

施敏慧

【内容提要】

以语文试卷中的"综合运用"中的交际文体的应用文写作训练为引子,从古汉语、现代汉语在交际场中的交际特点为起点,阐述语言在交际场中的交际职能,以及汉语言在交际文体中交际的文化特征,使学生认识到得体的汉语言运用在现代交际中的重要作用。

【关键词】汉语 现代交际 交际场 文化意义

一、背景与问题

日前,学生在汇总语文考卷的"综合运用"板块题型时发现,题目中材料的内容和表达形式都与我们的生活有着密切的关系,材料中涉及的知识多样和多变,它的触角延伸到生活、文化、科技各个领域。这一方面令老师觉得仅仅教授学生书本知识未免狭隘,另一方面学生真正感到了"大语文"的大世界。这些材料中充满了生活的质感,听到了生活中的车水马龙(交通、轨道问题的探因和应对策略),嗅到了芬芳的花香(大街小巷、城市规划布局的建设,建筑、艺术品的命名),满足了舌尖上的滋味(美食的挑选和养生之道的推介),饱览了古今中外的名胜(游学推荐线路和湿地公园的简介),鉴赏了世界文化瑰宝(名画配诗、对联赏析、文学戏曲的阅读赏鉴活动等)……

凡此种种,都不是语文老师学科知识能预设到的,但语言交际的环境已走出课堂,走向社会,涉及了公共关系。少有生活经验的学生面对来自社会的生活场景喜愕参半,有相应的思维反映,却没有解答的思路和方式,他们发现,这不仅仅是生活的问题,更是化语言入生活的问题,是人与人交流的问题。他们把这些生活中的场景设想为英语中的对话形式来解答,又发现完全失去了生活真味,这类应用文让他们用汉语表述能带来更好的沟通效果。

二、思想与观点

语言在交际场中履行交际职能时,因汉语特有的富有音乐性的优雅、含蓄的特质、不同句式和表述方式,不仅影响了交际的效果,也体现对话双方的文化道德修养。作为中华民族特有的语言,汉语有她独特的魅力。

从外形上来说,方方正正的汉字,庄重而又不失灵活,不同字体的运用,表达着不同文化素养和文化意境;每个字都好像是一首诗,诗的意境优美得让人感动;每个字又仿佛一幅画,既有画的形美,又带给人画外清音,有着特殊的意韵。字与字,词与词,画与画的连接、衬托与渲染,编织出的雄文巨卷,"万紫千红总是春",寥寥几个字勾画出春天的生机勃勃,而英语的表达是"spring is colorful",相比之下,就不难看出汉语的丰富内涵与神奇的表达效果了。所以,汉语绝非是仅仅代表一定声音和意义的静态符号,它们充满智慧和感情。一个人的语言水平、言语行为和言语交际能力,完全可以体现出他的道德修养的深与浅,人格教养的好与坏,个人能力的高与低。

文首我们提到的"综合运用"板块中出现的具有交际性质的应用文体,就能帮助学生运用古汉语和现代汉语完美地表述,营造良好的交际场,通过应用文体,虚拟场景,锻炼我们汉语的书面表达能力,同时学习和提升我们生活中的交际能力。因此,汉语的文化性使得体的汉语运用在现代交际中具有重要的意义和作用。

（一）汉语发展在人文交际中的演变具有其社会性和文化性

语言,是交际、思维的具,作为交际职能,是信息的载体,传递信息代码。它的基本过程:编码——发送——传递——接受——解码,汉语从它诞生以来,因为汉字的特点,便呈现出它特有的社会性和文化性。

古汉语是我国古代汉民族使用的语言,我们今天所见到的古汉语文献,绝大多数使用的是文言文。文言是在先秦时期口语基础上形成的汉语书面语,两汉以后,虽然随着口语的发展而有所变化,但不同时代的文言仍有相当大的一致性。

古汉语的特点与历史密切相关,反映出那个时代的文化历史,包括人类交际的情状。春秋战国时期诸子百家思想的问世与传播,政治主张的提出与实施,纵横家巧舌如簧的联盟演说,唐宋时期诗文相酬的交流切磋,新文化运动的文化、政治联盟,都体现出汉语在不同时代背景下的社会风貌和交际特点。

例如,诸子百家推行自己的思想和政治主张,基本上都经过相互交流,求同存异,著书立说,游说推广。《论语》就是记录了孔子和他弟子言行的书,通过语言交流,阐述了儒家学派的思想;老庄更愿意用深入浅出的寓言故事来阐发对出世入世的意见,以警示人们;古代臣子希望君王采纳谏言,因君臣关系在对话中只能通过委婉的方式,借事喻理,达到表述的目的。作为外交使节的使者,更是深谙交际之道,无论是晏子还是唐雎,智辩之才在他们的外交辞令中发挥得淋漓尽致。古时文人惺惺相惜,高山流水的知音便是在诗词歌赋相酬中牵手,而新文化运动中的思想者在接触西学的初始,用文言白话表达着接受新思想的热情。无论哪个时期,运用哪种表述方式,从逻辑学角度分析都体现了汉语的交际功能和职能流程:编码—发送—传递—接受—解码。当把理论的框架投影到现实交际场景中,就表现出异彩纷呈的精彩画面。语录体、寓言体等不同文体的表达效果,敬辞、谦辞、倒装句等句式、字词的斟酌,处处体现出汉语在交际过程中充满了文化气息的独特韵味。

雅各布森在《结束语:语言学与诗学》中提出了他的语言交际模式:语境、信息、发话者、受话者、接触、代码,交流的成功离不开发话者与受话者完全掌握或部分共享的代码。

现代汉语是古代汉语的继承和发展,两者有很多的共同点。现代汉语是从古汉语直接演变而来,随着社会生活的变化,现代汉语需要不断充实、完善。语言充实和完善的主要途径有沿用古汉语、吸收方言词、借用外来语等多种形式。其中古汉语历史悠久,高度发达,文献丰富,是现代汉语吸取营养的主要源泉。现代汉语直接使用一些古汉语形式,赋予古汉语形式以新的意义和用法。

语言具有社会性的交际功能,从交际内容、形式看具有时代的特征,现代汉语从古汉语直接演变而来,自然也有了时代的烙印。从交际环境看,由文言白话到而今的网络用语,交际的背景、语境随着时代的变迁也发生了变化,交际职能却未曾改变,它反而因交际环境的扩大而丰富起来;从交际对象看,古代交际环境中发话者与受话者都对象明确,而网络、新媒介中受话者就不再是预设中的明确对象了;从交际方式看,现代开放的社会、开放的信息,社会关系复杂化,生活中电子化的渗透,语言交流并不仅仅局限于口头语言和书面语言形式,更多的是讯息化交流,数据时代的快速、海量的信息交互,语言显示出前所未有的巨大的交际功能,汉语之外的元素越来越多,外来语的强势介入、字幕党的无私奉献,汉语表述形式不再拘泥于口语和书面语,除了我们经常能听到、看到"OK"、"马克"等音译词出现在日常会话中,也能看到"亲"在语言交际中所产生的情感效应,还有各种表情包、图像、音频、视频的倾力加盟,使现代交际呈现出前所未有的丰富情态和强大的表情达意功能。

(二) 丰富多变的交际用语在交际作文中蕴含着深厚的文化意义

1. 了解古汉语、现代汉语中相关交际方面的知识

学生的学习生活决定了他们的交际环境,作为发话者,他们的受话者基本上是家长、同学和老师。他们语言表达形式基本是口语,而运用到书面语言的,更多的是通过作文来表述,而平时的写作训练也只是为了应对考场上的应试作文,并非出自内心的情感表达和生活的实际需要,那么恰当运用"综合运用"的题目,让学生进行应用文的训练,是提高他们语言交际能力的途径。

阅读与积累是一条踏实有效的途径,我们课本中的文言文蕴含着古汉语表述的技巧,尤其是交际的技巧。君臣间的谏言(《王顾左右而言他》、《邹忌讽齐王纳谏》、《出师表》),政治主

张的推行(《论语》、《孟子》)、文人间的"神交"(《酬乐天扬州初逢席上见赠》、《为陈同甫赋壮词以寄》),长辈对后辈的教诲(《黄生借书说》、《潍县寄舍弟墨第一书》)等等,这些经典的文本通过不同文体、丰富内容和多变的语言形式,从发话者的角度对受话者发送、传递信息,表达自己的思想和观点,并取得了极好的交际效果。

让学生摘录文言文中具有交际性质的语句,划出标志性的交际语汇,仔细体味它们在交际时的表意特点,并加以归纳。对比现代文在相同语境下,古汉语和现代汉语在表述上的异同点,这样就会发现,古汉语中很多字词、句式、交际手段至今还沿用着,并有着新的生命力。

除了课本,我们还要指导学生的课外阅读,提供相关交际知识的书目,在阅读中积累,补缺摘录的内容,校正归纳中的错误,丰富体会中的感受。

2. 创设交际场,摘录、总结出的交际用语和方式在场景中运用,切身体会汉语在交际场上的作用

积累是为了运用,运用是为了更规范、更有效的积累。只有在运用中,才能真正体会语言在交际场上的功用和魅力,验证是否达到了交际效果。根据习得的汉语交际知识,运用古汉语和现代汉语的交际语言和形式,进行情境再现,甚至可以详谈的内容用英语对话场景进行比对,让表演者、观众仔细体会,作出品评,一方面纠正积累时的错误,另一方面,生活中的再现能使大家对汉语的交际方式有身临其境的理解和认识。

比如《晏子使楚》一文,先让学生改编成课本剧,戏剧的对话形式中就有了使臣的语言、君臣的对话,同时还必须辅以肢体语言,使他们身份明确,个性鲜明。同时,发挥想象,可以设计成

古汉语版本、现代汉语版本,甚至英语版本,再现当时的场景,之后加以比较,来体会古汉语、现代汉语在交际场中的不同交际作用。

再如,寓言故事《螳螂捕蝉》一文,它没有明显的交际语境,但是舍人想规劝吴王的方式是古代君臣间最常用的借此说彼,类推说理的表述方式,达到劝说的目的。学生此时就要借助摘录习得的古汉语交际知识进行对话套用,来达到吴王最终采纳了舍人的建议的目的,然后用场景演示来验证改编的对话是否科学合理。

3. 结合"综合运用"中交流题型,通过应用文来体会汉语在书面语交际中的作用

如果说创设交际场是立足于利用文本,在学习中习得汉语言知识加以运用,以获得经验的话,那么这个虚拟的交际场景是相对比较狭隘和单一的。而语文试卷中的"综合运用"则是把生活和汉语言紧紧地联系起来,它丰富的题型,使生活中的交际场更接近实际生活,交际职能得到充分发挥。

"综合运用"的题目中,有丰富的社会性活动,体现出复杂的公共社会关系。有表达心愿的申请书、志愿书、倡议书;有表达阅读感受和观点的读书笔记;有向对方推介产品的广告类、说明类文书;有对文化作出推广的活动策划和题字命名鉴赏;有会议中各持观点意见汇总的会议记录;也有面对社会现象向大众媒体表述观点的各类建议……这些交际场中的发话者和受话者体现着这个时代复杂的公共社会关系,显现出生活中各方面的语言交际职能。

这类题目给他们提供了模拟生活场景的交际尝试。教师抓住时机,传授学生这方面的能力使他们对相关的知识加以认识、

理解和运用,并设置虚拟场景,让他们书面语转化为口语表述,在虚拟场景中还原语言的交际本质,尤其是指点他们体会汉语在这类交际语境中的方式和作用。

(三) 正确使用得体的交际用语在语文学习中具有重要的实践意义

1. 汉语知识的积累是汉语交际的基础,古汉语在现代交际中充满了新时代的生命力

学生们通过阅读,对文言文中的古汉语交际方式的摘录、归纳到运用,发现从字词到句式到形式,在现代交际中依然存在着强大的生命力。在现代交际的不少场合,古汉语文体仍在使用,例如对联、标题、书信、请柬、广告等。不过由于受现代汉语的影响,现代交际中的古汉语文体已不再是严格的文言文,也不同于古白话文,往往是一种较为浅近的文言文,或者说在一定程度上现代化了的文言文。

例如:请柬是一种郑重的邀请信,要求语言礼貌、优雅、简练,为了达此目的,可采用一定程度的古汉语文体。例如开头用"兹定于"、"谨定于",结尾用"敬请莅临"、"恭候光临"之类,署名后加"敬约"、"谨启"等。

为了使广告语言简练、优雅,既节省广告时间和空间,又给人以深刻的印象和强烈的艺术感染,可以在一定程度或部分使用古汉语文体。例如:悠悠岁月酒,滴滴沱牌情(沱牌酒广告)。

学习研究古汉语在现代交际中的应用,其目的是为了正确认识古汉语在现代交际中的特殊作用和用法,进一步丰富和完善现代交际语言,提高交际水平,增强交际效果。

2. 得体的汉语在现代交际中显现出传统文化的涵养和气质

传统汉语中的一些礼貌词语曾一度被当作封建道德而遭到批判被废弃。今天,随着社会的发展变化,人们对礼貌、和谐、融洽的人际关系有了越来越迫切的要求,于是起用原有的礼貌词语就成为达此目的的一条重要途径。如表示尊敬别人的"贵姓"、"贵庚"、"芳名"、"芳龄"、"先生"等礼交称谓正逐渐恢复使用,表示自我谦恭的"寒舍"、"鄙人"等词语也重新进入现代汉语交际语之中,尤其是书面交际语中。在很多公文里,为了行文简洁、典雅,仍使用一些古汉语词语。例如"欣闻"、"不胜"、"为盼";商店、出版社、宾馆等喜欢用"行"、"堂"、"斋"、"苑"等字命名,使名称具有典雅色彩。例如"天籁琴行"、"回春堂"、"燕喜堂"、"墨宝斋"、"文轩书斋"、"芳苑"(宾馆),营造出雅致的交际语境或氛围。

在当今与国际友人的交际过程中,更是要用得体的汉语来彰显我们汉民族文化的优雅含蓄的气质和传统的文明修养,使他们在和我们的对话中感受到彼此交流的诚意、沟通的愉悦和国人的文明和道德,尤其让他们了解和体会汉语是充满了智慧、蕴含着文化,渗透着历史的古老而新兴的语言,体现出汉语言涵养出汉民族的文化素养,通过得体的对外交流,汉语使世界了解中国,每一声问候、每一声祝福都传递着和谐、和平的信息。

3. 汉语在交际作文中的合理运用,提升了学生在口语和书面语方面的语言表达能力

学生通过在创设情境中的演绎,或者在"综合运用"中的模拟交际场中的文本解答和口语还原生活,一方面提供了学生融入社会真实的可能性,提高他们交际思维的品质,另一方面加深

了汉语在交际文体中功用的理解和认识,通过"综合运用"中各种应用文的习作,认知了不同交际目的、交际场中运用汉语的方式和技法,提高口语和书面语的表达能力。

综上所述,汉语在我们现代交际中,显示出了独特的诗性般的意蕴,而学生对这方面知识的认知、掌握和运用,需要我们不断地创设语境并鼓励他们积极尝试,使汉语的交际更得体,更具有文化价值。

提高初中学生作文语言表达能力初探

赵　萍

孔子云："言之无文,行而不远。"就是说写文章要讲究文采之美,如果没有文采,那它不会流传很远。而一篇文章的文采主要是通过其优美的语言表现出来,可见,语言表达的好坏直接影响到文章的质量。但是在语文教学实践中,我们常常会发现,初中学生的作文在语言表达方面存在着一些问题:词汇贫乏、语言苍白、较多使用口语等等,如何提高他们的语言表达能力,成为我们每一个语文教师需要思考、解决的问题。

我们都知道,一篇作文中,"语言"是最外在、最易被人感知的,我们阅读那些流畅明丽、文采斐然、如玑似玉的文字,往往会产生如饮醇醪,如沐春风的感觉。可以说,作文水平的高下,"语言"是必不可少的因素,提高学生写作水平的途径之一就是在于提高他们的语言表达能力。

上海市《语文课程标准》中这样写道:"能用规范的书面语表达自己的思想"、"语句连贯通顺"、"用语得体"、"语言顺畅、生动"。这也告诉我们,语言表达在语文教学中的重要性。这些要求不仅是一个有语文素养的中学生应该具备的,也是教师评价学生作文水平的重要标尺。

那么,如何在教学中提高学生作文的语言表达能力呢? 笔者结合自己的教学实践,谈谈自己的一些做法。

一、紧扣语文教材,加强课内积累

教学是师生语言信息集中交换的过程,而语文课堂教学是学生积累语言的主要渠道之一。现行的中学语文教材中的许多课文就是最好的范文,为学生的语言积累提供了良好的物质材料。"语文教材无非是个例子,凭这个例子要使学生能够举一反三,练成阅读和写作的熟练技巧。"因此在课堂上,教师应注意发现、挖掘教材中那些文质兼美的作品,有意识地让学生在学习语文的过程中积累语言。

比如:朱自清的《背影》一文中,这样对描写父亲的背影:"他用两手攀着上面,两脚再向上缩;他肥胖的身子向左微倾,显出努力的样子。这时我看见他的背影,我的泪很快地流下来了。"作者抓住父亲艰难过铁道为儿子买橘子的动作,用一系列生动传神的动词,细腻地表现出父亲对儿子无微不至的关怀。

又如:梁衡的《晋祠》中"这里的山,巍巍的,如一道屏障;长长的,又如伸开的两臂,将晋祠拥在怀中。春日黄花满山,径幽香远;秋来草木萧疏,天高水清。"运用对偶、比喻、拟人等修辞手法,写出群山高大、连绵不绝的特点,这些句子整散结合,读来富有韵味。"这里的水,多、清、静、柔。在园内信步,那里一泓深潭,这里一条小渠。桥下有河,亭中有井,路边有溪,石间有细流脉脉,如线如缕;林中有碧波闪闪,如锦如缎。"通过对偶、排比、比喻的综合运用写出了水的多姿多彩……

对于教材中这类文章,语文教师应采用多种形式,引导学生积累这些语言典范。最常见的做法不仅仅是上课的分析讲解,更应让学生通过朗读背诵来积累语言。清人唐彪说过:"文章读之极熟,则与我为化,不知是人之文、我之文也。"可见,背诵不仅能够让学生积累课文中那些优美、规范的语言,并可以内化为己用。因此,对这类文章中的语言,教师应要求学生反复诵读、背诵。我们可根据不同的课文提出不同的背诵要求,如诗词以及一些短小优美的文章就要求全篇背诵,一些较长的文章可选段背诵,除了背诵课文之外,也可选择一些词语、成语和谚语让学生背诵,以使学生头脑中储备更多的语言材料。在作文的训练中,也可让学生鉴赏和模仿优秀作品的语言,从而提高学生的语言表达能力。

二、指导阅读,增加课外积累

阅读是写作的基础,阅读更是积累语言素材的重要途径,不阅读就无法进行积累。语文教材中选入的文章质量虽然高,但毕竟数量有限,对中学生而言,语言的积累单靠课堂上学习的几篇课文,是远远不够的。因此,必须加强课外阅读。"读书破万卷,下笔如有神。"教师要引导学生多读古人写的诗词歌赋,多读今人写的优美诗文,多读中外精美的小说,多读报纸杂志上的时文。在读的同时,要多记,记下精彩的段落和句子,记下名言名句,积少成多,集腋成裘。当然,积累绝不仅仅是字词篇章的积累,同时也要注意思想的积累,认识的积累,文化的积累。

"授人以鱼,不如授人以渔。"教给学生有效的阅读方法,就好比给学生一把开启知识宝库的金钥匙。在课外阅读的过程中,老师可以采用以下几种方法指导学生进行课外阅读。

1. 泛读法。在读书时,先看书目、内容提要和作者简介等,了解书的概况,对于作品中的非重要情节,以快速阅读的方法浏览。

2. 精读法。对作品的重要细节、关键情节或是描写精彩、含蕴深刻的重点内容,静心细读,慢慢品味,或体会其立意构思,或揣摩其布局谋篇,或欣赏妙词佳句等。阅读时,可边读边做摘记,或作圈点、旁批(仅限自己的书)等。

3. 比较法。把两种或两种以上同类或者有一定联系的文章放在一起,比较分析其共同性和特殊性,以此来锻炼和提高阅读能力、鉴别欣赏和抽象概括的能力。这种方法有一定难度,可能更适合语文素养好的学生。

三、注重各种形式的写作训练

学生的生活是丰富多彩的,如果我们教师训练写作的方法陈旧,训练的形式单调,训练的内容枯燥乏味,就会大大限制住学生的写作欲望,使他们失去了对作文的兴趣。因此,我们应从学生自身需要、兴趣、情感出发,从学生身心发展的实际水平出发,调动一切有利因素以多样化、综合性的训练形式为学生创设良好的写作空间和氛围,激发他们作文的积极性,让他们用生动、流畅的语言去反映多彩的生活。

1. 坚持写随笔。每周要求学生写 2~3 篇随笔,引导学生关注生活、体验生活、感受生活,时时做个有心人,善于挖掘生活中的小事,或叙事、或议论,或摘抄佳作,或写读后感等等,没有时间的限制,没有条条框框的限制,用我手写我心,写出真情实感的好文章。教师坚持批改,认真写上评语,鼓励、肯定学生,多多表扬学生,激发其写作兴趣。

2. 进行"五写"训练。"五写"包括"仿写、缩写、扩写、改写"等,可结合教学内容,或从课外找些资料,对学生进行循序渐进地训练。可以从比较简单的"仿写"开始,进行句子、片段的训练,对语言表达的要求由低到高,从易到难,让学生在不知不觉中提高语言表达的能力。又如:学生在进行缩写时,往往会觉得比较简单,老师应向学生强调,缩写要忠于原文,不改变原文的主题或中心,要交代清楚事情的起因、经过和结果,缩写看似简单,其实对语言表达的要求更高,简洁、准确、通畅,才能对作品进行成功的缩写。

3. 尝试应用写作的训练。实际生活中,应用文的运用越来越广泛,但由于多种原因,较多老师不太重视这方面的教学。因此,我们要合理安排教学内容,对学生进行应用写作的指导和训练。比如,学习《藏羚羊跪拜》《云雀》等文章后,指导写一份动物介绍的报告;运动会上,让学生以"小记者"身份写采访稿,写新闻报道;针对班中较多学生沉迷玩弄手机,指导写相关的调查报告;学生对班级建设有一些想法,教他们写建议书。

这些形式多样、新颖有趣的写作训练,引导学生在活动中写作,大大激发了他们的兴趣,使他们把作文与实际应用紧密结合,也提高了作文的语言表达能力。

毋庸置疑,语言表达能力的提高并非是一朝一夕就能实现的,我们语文教师必须遵循学生的心理特点,根据学生的实际情况对症下药,不仅要立足课堂教学,指导学生朗读、背诵优秀作品;而且要加强课外阅读,最大限度地增加学生语言的积累,并通过多种丰富的形式加强写作训练,才能不断提高学生作文的语言表达能力,进而更好地提升学生的语文素养。

问题与改进

立足思维，引导高中生
议论文写后改进的教学实践

许正芳

　　高中议论文写作教学是高中语文教学中极为重要的组成部分，是高中写作教学的重头戏，而高中生议论文写作能力更是其重要的语文能力之一。《普通高中语文课程标准（实验）》和《上海市中小学语文课程标准（试行稿）》中关于写作课程目标都有这样的陈述，如"表达自己的真情实感和独立见解"、"陈述自己的看法"和"能针对社会现象、生活现象，用议论的方式阐述自己的思想"等，直接指向对中学生理性思辨能力和议论文写作能力的培养。因而，培养高中生议论文写作能力势在必行。

　　然而现实的作文教学现状却是如此：写作课目标随意，缺少可操作的目标体系作指引；写作训练设计随意，学生往往写作若干篇后仍然没有什么进步可言；写作评价中教师的个人意志较为严重，对同一篇习作的评价可能会产生很大的分歧和差异。而学生的情况往往成为教师写作教学的依据和借口，一方面教师要基于学生学情来教学，另一方面教师又以学生学情为写作教学低效的借口。长此以往，学生的写作能力得不到提升，其结果不言而喻。一项专业的研究资料表明，高一高二高三学生大都年约十五、六岁至十七、八岁，经历初中四年的学习和四年变化较大的青少年心智发展阶段，再将经历三年的高中学习，他们的知识视野、生活经验、思考和表达能力有了很大的提高。而且自我意识正在逐步确立,喜欢评论周围的人、事、物,喜欢发出不同的声音,并试图说服和影响别人,以引起他人的注意,开始较多地使用概念、判断、推理来表达思想感情,故对写作的需求也发生了变化。既然学生有了内在的写作能力和写作要求作为支撑,教师也应该顺应学生的变化给予相应的指导和支持。从学生学的逻辑而言,学生如何认知写作知识、如何训练写作能力至关重要;从教的逻辑而言,教师在课堂上如何教写作知识与如何训练学生的写作能力显得十分关键。

一、高中生写作现状的学情分析

为了充分了解学生在议论文写作中的障碍点和困难点,笔者特对嘉定二中 2017 届学生做了"高中生写作现状的问卷调查"抽样。通过对问卷调查的信息进行整理和分析,形成了如下结论:72% 的学生认为自己中等水平,20% 的同学认为自己较差。50% 的学生对待写作的态度是较喜欢,30% 的学生觉得无所谓;30% 的学生认为写作可以提高表达能力和自身修养,写作中有收获,40% 的高三学生认为写作的目的是获得高分;80% 的学生喜欢选择常见的文体进行写作,平时喜欢随笔类的写作方式;获取写作素材的途径主要还是书籍阅读,还有一部分是利用网络资源;80% 的学生认为兴趣对于提升写作很有帮助,其次是热情和抗挫折心理;对于老师的写作教学指导,多数同学认为作文课能提升写作能力,一部分认为对能力提升效果一般;60% 的学生喜欢传统的老师批改评讲的模式;70% 的学生认为作文课给自己颇有收获、轻松愉悦的感受。通过以上数据分析,我们应该清晰地认识到,写作能力不仅仅是认识能力和表达能力的体现,更是情感、态度和价值观的体现。它绝对不是单一的,而是综合的表现。所以,提高学生的写作能力,首先要关注写作主体的心理状况,改善其心理品质,遵循写作教学的规律,了解学生的困难点,找到提升作文实效的切入点,在过程写作中寻求突破。

写作活动从某种意义上讲,应该包括审题——选材——构思——表达——评价这几个环节。而对于学生的写作要求,教师经常是让学生参与这几个环节后就戛然而止,另换新题。然而过快的训练速度和更新,学生的写作能力和思维水平似乎被提高不大。基于学生实际的作文现状,近年来,笔者试图在学生写后改进这一块进行尝试,让学生能从自身的写作过程中寻求解决之道,而不是追求教师教授完写作知识等待学生去努力吸收。

二、高中生议论文写后改进的教学实践与思考

1. 以简短评论为抓手,丰富学生的思维视角

常见的议论文,学生似乎很熟悉用各种论据来论证自己自认为对的观点,但往往浅表化,很多同学似乎不知道什么是正确表达自己的观点。叶圣陶先生在《作文论》中说:"议论的总旨在于表示作者的见解。所谓见解,包括对于事物的主张或评论,以及驳斥别人的主张而申诉自己的主张。"那么如何证明自己的观点有其合理性并令人信服呢?詹姆士·A.雷金和安德鲁·W.哈特认为:论辩文是以逻辑为基石、以证据为结构、以说服读者接受观点或采取行动(或者两者兼而有之)为写作意图的文章。

基于议论文的这些核心特征和学生写作长文的现实困难,我试图以常见的评论为抓手来让学生进行思维训练,此种方法在课堂实践中操作也灵活有效。如关注并评论一些社会热门事件,"因重庆市高考文科第一名何川洋民族成分作假,其所报考的北京大学已决定放弃录取他。有人说何川洋无辜,其父是招

生办主任,利用工作之便,以权谋私,孩子并不知情,北大此举是否令何川洋成为父母的'替罪羊'。也有人认为北大做得对,惩戒有法可依,对于破坏规则有违公正的事件不能姑息纵容。网友对此议论纷纷,你对这件事有什么看法?"。再如一些常见的有如"人与社会"、"人与他人"的话题,"不知从何时起,我们对成功的理解渐渐远离幸福与尊严,在一些人眼里,追求成功近似于追逐名利。据一项关于'金钱与成功'的调查显示,69%的中国人认为金钱是衡量一个人是否成功的标准。与此同时,《美国新闻与世界报道》则指出,金融危机爆发以来,美国人对'成功'的含义进行重新诠释,许多人不再以收入高低来衡量是否成功,而是更加注重自身的幸福感与尊严感。你对'成功'怎么看?"。再如用一些已有的时事评论为素材的现实材料,"国内有许许多多各级别的'专家鉴定会',许多项目可以得到一个'达到国内领先水平'的鉴定意见。但大多在鉴定之后就销声匿迹了,真正得到社会认可、真正产生了预期的社会效益和经济效益的项目凤毛麟角。另一方面,一些在市场上取得了很大成功的科研项目,却从没有组织过'专家鉴定'。屠呦呦教授是新中国建国66年获得诺贝尔科学奖的第一位中国科学奖,也是新中国大学培育出的第一位诺贝尔科学奖的获奖者。但屠教授属于'三无科学家':无留学经历、无博士学位、无院士头衔。这样的'专家鉴定'有什么意义?"。还可以使用同龄人的短评加以训练,如2016年上海市作文大赛即兴演讲的两幅图片(面具、键盘手),可以引发各位选手的不同回答形成文字,和学生自己在规定时间内(5分钟)所写的文字进行比较,取长补短。

写作的意义是在表达与交流中认识社会、理解生活、升华自我。从近几年高考作文命题来看,贴近时代、贴近社会、贴近学生生活的导向十分明确。对日常生活的关注，能让我们在熟悉的人和事之中去观察分析、发现问题。而简短评论的方式，能更有效更直接地促使学生在写后进行反思与改进。

2. 以思维工具来改进写作提纲，形成写作思维的有效提升

议论文中的分析论证是用理由来证明观点的合理性，并能使他人信服。而因果分析就是推进思维深入的重要途径。如何分析原因，我们可以从主观和客观、历史文化、个体和整体、主要和次要等多个层面去加以挖掘。但原因过多，往往会显得凌乱无序，从而思路混杂。笔者借鉴了陆老师在课堂实践中用鱼骨图思维方式探讨《小时代》电影票房超 10 亿的现象的做法，结合日常写作实践中让学生列提纲写思路的做法，小有成效。如这样一则材料作文，"最近，在一档文化传承类综艺节目上，一位女歌手与非文化物质遗产'渔鼓道情'传承人一同演唱经典名段，她用自己写的法语歌词演唱，遭评委老师质疑。她解释说法语歌词里有她自己的理解，且在场有外国人听；而评委老师强调对于这种非物质文化遗产，作为中国人，就应该用中文唱。"学生在课上很快就列出了自己的提纲，包括观点＋论证结构＋材料＋结论。在学生写完提纲之后，笔者借助《小时代》票房现象的鱼骨图示例，学生也列出了很多有意思的鱼骨分析图。如下图：

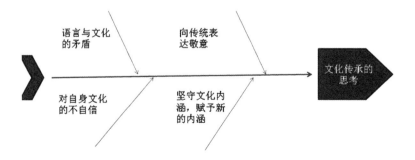

该生在分析"文化传承"事件时,能准确地从评委老师和歌手不同的立场去挖掘背后可能存在的原因,丰富全面,可以为学生写后改进提供一个有效的思维训练工具。

3. 以思维结构图为载体,落实学生的写后反思与改进

图表很多时候比文字更加直观,老师的只言片语的评语式的批改往往还是让学生如"雾里看花"。如果能让一篇文章的思路结构变得立体、形象,学生的修改才更有抓手、更有实效。如 2017 年嘉定一模的作文题:"'现今的中国很难出一个牛顿。第一,中国人没有闲暇功夫坐在树下。第二,苹果砸到了中国人,中国人第一选择是抱怨,凭什么砸到我头上呢,第二选择就是吃了。'这是央视主持人白岩松的一段话,对于他所描述的现象你怎么看?"笔者让一位学生就自己的写作思路作图如下:

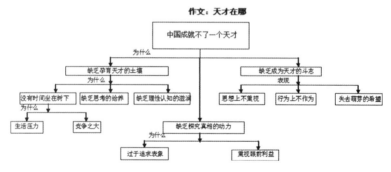

通过图表,我们就可以让学生自己发现,她在分析到"缺乏思考的给养"和"缺乏理性认知的滋润"这两点原因之后没有进一步分析本质原因,就直接导出所谓结论,论证逻辑上还是断裂的。其次,论证可以抓住以上所说的"无闲暇时间"这个问题进行深入思辨,以此为突破,剖析国人当下的社会心理。再如"缺乏探究真相的动力"这一块若进一步分析,这些"失去的东西"对人类社会的意义则更有说服力。这种思维结构图很清晰地帮

助学生在作文写后批改后再进行重新地审视与建构,更有利于学生写作能力的提升。

　　写作课作为一门课程,依然需要教师在教学实践中大胆尝试,才能够帮助学生一步步渐入佳境。教师只有站在学生学的立场去找到切入口,才能够提升学生的写作素养。

参考文献

［1］　陆锋磊.建议类议论文的写作指导［J］.语文学习,2016(3).

［2］　成龙.写作课的教学逻辑［J］.语文学习,2016(7).

高中作文修改有效策略的尝试研究

申玲娣

一、尝试的起因

经常听到有人说,好作文是改出来的,可见在作文指导的诸多环节之中,教师的批阅和学生的后续修改对写作水平的提高有不可低估的作用。而日常教学的现状是,教师批改作文费时耗力长篇大论写评语而学生基本无视,或学生看完评语依然迷茫,教材中缺失了作文修改的指导课程,作文教学各行其是,一线教师困惑、无奈、失落,困惑于自己战战兢兢打的分数是否科学是否会打击学生对写作的兴趣和信心,无奈于面对读书甚少腹内空空的学生无法提高自己的作文教师爱莫能助,失落于花费千钧之力却不见成效。我希望能通过在自己的教学中尝试作文修改的各种策略,达到作文教学的减负增效之功。

二、研究目的

通过本次尝试,了解教师作文批改和学生作文修改的现状,探究解决教师批改作文和学生修改作文的有效方法,探究切实提高学生写作能力的策略,提升修改作文的能力,真正提高学生的写作水平。希望通过尝试多样化的作文评改方式,发掘作文批改和学生评改较为有效的策略,主要有作文提纲评改、作文片段评改、作文全文评改等。

三、研究内容

（一）作文修改有效性调查研究

据对上海很多学校的教师进行了解，目前大家的作文教学基本还是传统模式：布置题目，或指导审题或不指导，学生写作文，教师批改，讲评和范文示例分析。批改环节的基本形式是教师写评语和面批。学生、家长和社会参与批改的甚少，学生修改作文的环节则较少。那么这样的教学套路是否为学生所接受呢？或者说这样的作文批改的实效性如何？我设计了一份非常简单的调查问卷，希望能找到这一问题的答案。（见附件）

从问卷调查结果来看，第一次问卷调查是在高二时进行的，参加问卷共150人，是自己刚刚接手的一个陌生年级，其中只有8人经常修改作文，103人较少修改，39人从不修改，第2题认为修改作文能在一定程度上提高写作水平的92人，认为很大程度上能提高的17人，14人认为不能提高，27人不确定；第3题认为作文修改时选项包括审题立意的82人，包括结构布局的97人，包括论据素材的90人，选项中有语言表达的竟然人数最多107人，同时选了ABCD的有30人，第4题作文修改的主要依据选高考作文评价标准的83人，选老师意见的63人，选个人直觉的59人，选不会修改的60人。第5题作文修改时遇到的困难中有审题立意的58人，缺少论据的85人，不会分析说理的55人，觉得自己语言表达欠佳的86人，第6题遇到困难求助对象中有老师的85人，有同学的33人，向网络求助的78人，向家长求助的只有7人，选E选项的15人要么放弃，要么求助书籍。

第 7 题对修改结果的评价,希望老师打分的 21 人,希望给出纵向过程性评价的 31 人,希望指出自己作文不足之处的 57 人,三项都选的 51 人。第 8 题,没阅读过作文修改指导类书籍的占了绝大部分,137 人,选择读过的 13 人中给出的大多也不是专业作文修改指导书籍,而是优秀作文选、作文素材之类的书。第 9 题 79 人认为佳作示范对作文修改有一定帮助,16 人认为有很大帮助,28 人认为没有帮助,14 人不确定。作文提高的途径大多数学生(82 人)认为是多阅读,阅读书籍、报刊、杂志,13 人认为是多写作文,包括写随笔,列提纲,10 人认为是阅读美文,优秀作文,还有少数人提到了多思考,多体验。

从该调查报告提供的信息来看,如果不是被迫修改作文,大部分学生没有作文修改的意识和习惯,也并没有得到课内或课外作文修改的专业指导。对作文修改的方向中,语言表达和结构布局占的比例较大,而不是真正决定作文得分的审题立意,也反映了学生在有效训练前不太正确的认识,这一点同样体现在作文修改遇到的困难中,也有不少人比较重视语言表达欠佳和缺少论据,而不是很重视审题立意和分析说理。

学生在作文评价的期待方面,更希望老师指出不足而不是单纯地打分,他们可能更渴望鼓励和认同,而老师比较认可的"佳作示范"并没有想象中的那么有效,学生不愿意去模仿或学习别人也反映了这一时代学生的自我意识,他们遇到困难宁愿求助网络也不愿意求助于身边的同学。

绝大多数人都比较肯定阅读的价值和对写作的指导作用,磨刀不误砍柴工,这一点的确是值得很多上课喜欢讲解和灌输的老师思考的,怎样指导学生阅读,怎样处理阅读和讲解之间的关系,怎样处理阅读和作文之间的时间分配……

（二）作文修改的各种策略的尝试实践

据 Stallard 的调查研究发现，"好的高中生作者每篇文章平均修改 12.24 次，比较一般的作者每篇文章修改 4.26 次。"[1]，可见写作水平较高的人更重视作文的修改。所以高三伊始接手这个新班级时我就开始进行作文修改的尝试。

我阅读了一些国外写作教学的书籍，发现了一些较新的修改方式颇值得借鉴，如日本的家长参与学生作文评价和修改的方法，美国通过趣味活动让学生学会修改作文的方法，如"编辑室"、"出版会议"，苏联的"三遍修改法"，英国的面批法等。多样化的评价和修改手段不断刺激学生对作文的兴趣，也能调动更多的力量参与到写作教学中来，强化学生写作时的读者意识，优化作文教学环境。

因此，我在近年的写作教学中尝试了多种形式的评改方式，如学生互评、家长评价、小组评价等形式，修改时也尝试了修改提纲、修改片段、全文修改等形式。

叶圣陶先生认为，成功的语文课应该是让学生不待老师讲就自能读书，不待老师改就自能作文，所以培养学生正确评价自己或他人作文的能力也是提高学生写作水平的一种方法，在评改的过程中掌握各类作文的评价标准有利于学生朝着要求的目标去写去努力，以评促写。为保证评价的多元化以及公正性客观性，避免教师评价中可能出现的主观性或偏颇之处，需要制定具体作文题的针对性评价标准，提供写作评价量表，便于在统一的标准下进行评价。

课例：

作文题：著名作家毕淑敏说，山的存在，让我们知道，这个世界上有一些事物必须仰视。这句话引发了你怎样的思考？请选取一个角度,写一篇文章。

要求:(1)题目自拟;(2)全文不少于 800 字;(3)不要写成诗歌。

评价量表:

关键词	评价标准	建议评分
山、仰视必须仰视	山的内涵、仰视的含义明确:山的内涵:自然、人才、某种精神品质、思想智慧、文化历史内涵皆可(崇高,高贵的东西);仰视是敬畏,崇敬、谦逊…… 必须仰视的理由充分:视带来借鉴,传承和发展,追寻高度,濡养自我,完善进步,可以形成和谐的氛围…… 联系社会现实,针砭时弊 立意深刻或新颖,表述明确,文章逻辑性强,论据充分,论述集中,能辩证看待仰视,表达流畅有文采	一类卷 (63-70) 基准分:67
山、仰视必须仰视	山的内涵、仰视的含义:伟人或某种精神;敬畏,学习 必须仰视的理由:是自省,自我完善,是见贤思齐…… 联系社会现实 立意准确,表述清晰,文章有辑性,论据较好,论述比较充分,表达较好	二类卷 (52-62) 基准分:57
山、仰视必须仰视	山的内涵、仰视的含义 必须仰视的理由 立意正确,说理尚可,论据一般,表达通顺,偶有语病	三类卷 (39-51) 基准分:47
山、必须仰视	没有明确山或仰视的内涵,关键词未出现,论点偏离中心,说理不成立,结构残缺,论据错误	四类卷 (21-38)

提供出统一的评价量表之后,可以让学生对自己或别人的作文按照标准进行分析,进行修改。

1. 提纲修改法

之所以想到提纲修改法是因为读到的一段话:"关于作文写作过程的研究也表明:更多的成功作者并不总是严格地运用线性构思,一些有经验的作者实际上先构思再修改。很多好的作者运用循环式的、非线性的方法,草稿的撰写可以被更多的计划打断,修改可能导致改写,大量地循环到较早的阶段。也就是说,作文不是简单的从开始到结束的流畅的线性过程。写作是一个思想由凌乱到清晰的过程。好作者能意识到这一点,但差作者不能。"[2]写提纲和修改提纲可能是比较节约时间又能梳理思想的方法之一,再加上写作前的指导有时是缺席的,我们并没有在写作教学中关注学生思维过程中的问题和困难,所以提纲修改也许较早地暴露出学生审题立意中存在的问题,让学生及时修正,也能实现写作前的交流和指导,并在提纲存在的问题的基础上设计有针对性的写作任务。

课例:

作文题:庄子云:"桂可食,故伐之,漆可用,故割之,人皆知有用之用,而莫知无用之用也。"庄子的话引发了你怎样的思考?请联系实际,写一篇作文的提纲。

将学生所列提纲分析归类,发现主要存在问题是审题立意和论据素材上的:一是提纲过于简单,缺少对有用和无用的阐释,审题立意缺少辩证的全面客观思维,抹杀了有用与无用的区别,或观点过于绝对。缺少简单的因果推理分析;二是缺少论据。经过修改,学生基本完善了提纲,内容较原来更充实,观点也更客观,补充了对概念的阐释,补充了论据,也补充了两者的辩证关系。

修改示例：

例1：

做无用之事给人以淡然的心境，拥有一颗平常心，生活更随性快乐。

（什么是无用之事？为什么做无用之事生活就更随性快乐？）

无用与有用的转化：

黄公望用三四年的时间完成了一幅无用的《富春山居图》，几百年后，其合璧大展却成了一件大事。

（为什么说画画是无用，合璧大展就是有用了？）

修改版：

1. 中心论点

人们知道重视有用之用，看重物质的使用价值，忙着追求升官、赚钱、升职……往往忽略了无用之用，忽略了精神上的富足，兴趣、爱好等都弃之不顾。

庄子说"人皆知有用之用，而莫知无用之用"，事实上，我们应该重视的是无用之用，不可一味追求有用的"物质"利益。

2. 分论点

① 物质的实用价值确实给人好处，但一味追求有用之用让人变得功利、世俗，负担过重，不快乐。

论据：葛朗台等守财奴沉溺金钱丧失本性。

② 所谓的无用之用并不一定无用，看似的"无用"也许只是暂时的，"书到用时方恨少"，无用之用恰恰是长久的。

论据：乔布斯在大学旁听文字设计课程，当时完全出于好奇和爱好，却在许多年后被他发挥到苹果电脑的设计中；黄公望出于无聊创作的《富春山居图》,如今被视为珍宝。

③ 要以变化的眼光看待有用无用,做有用之事,也做无用之事,懂得无用之用。

论据:普林斯顿大学未设商学院、法学院,却大力发展艺术系,因为他们认为"修养伴人一生";穆罕默德说"假如我有两块面包,我想用其中一块去换一朵水仙花。"面包是有用之物,水仙看似无用之物,却能带给人精神满足、审美愉悦。

例2:

庄子曾说:"桂可食,故伐之,漆可用,故割之,人皆知有用之用,而莫知无用之用也。"所谓的无用有用真的存在界限吗?

① 事实上,一切看似无用的东西其实都有"无用之用"。

很多家长反对孩子参加体育运动,认为"无用",然而孩子每天与书本为伍,不参加体育锻炼,导致身体素质下降,身体因素影响了学习,家长才明白"无用"之用。愚公移山,看似无用之举,他的这种坚持不懈的精神被世人铭记,岂能说"无用"?

② 看似有用的东西在一定程度上又是无用的(巴尔扎克笔下的葛朗台,他拥有的巨大家产是他认为最有用的东西,可金钱没有给他带来家庭的幸福,不能使他免于一死,这样说来又是无用的)。

③ 所以,有用与无用是没有界限的,所谓的有用无用都是片面的,人们往往认为无用的东西,他们的用途只是还没有被挖掘出来,或是因为人们的浅陋无知它们的真正价值被忽略而已。

对于我们而言,应该有自己的追求,无论有用还是无用,只要跟着自己的心走,就能实现自己的人生价值。

(观点过于绝对)

修改版：

中心论点：无用之大用在一定程度上远远超过了有用之用，所以我们应抓住无用之大价值，那才是令人受益终生之物。

分论点1，被广泛认为有用之物固然有其价值，但就算再有用，也必有其局限性。

论据：金钱，不言而喻是有用的，它能带给人们物质上的享受，也能带给人们精神上的满足，但是巴尔扎克笔下的葛朗台，他拥有的巨大家产是他认为最有用的东西，可金钱没有给他带来家庭的幸福，不能使他免于一死，这样说来又是无用的，同样现代人竭力追求的功名利禄，在某种意义上也是无用的。

分论点2：看似无用之物事实上却有大用，只是被大多数人忽略，外表的无用掩盖了内在的大用。

小提琴看上去对科学研究毫无用途，而正是小提琴滋润了爱因斯坦的思想，陶冶了他的情操，带给他平和的心境，帮助促成了他的科学成就。乔布斯具有极高的人文修养，看似对苹果公司无用，但正是他对于哲学、文学、艺术、音乐的热爱，使得他具有更深厚的积淀，苹果公司的成功才会厚积薄发。

因此，人文艺术等无用之物其实对人们的成功起着至关重要的作用，不仅如此，人文艺术也能带给人们精神上的满足和愉快。

当今国内很多大学只注重专业知识，而忽略对于学生人文艺术等修养的培养，是不利于人才成长的。

总结：人们应当意识到无用之大用，抓住其内在的大价值，同时又能尽有用之用，而又不拘泥其中，这才是明智之举。

例3：

总论点：不执著追求有用之用，更应知晓无用之用。

分论点：

① 有用之用是其使用价值，无用之用是其内在价值。无用之用的价值远大于有用之用。

② 有用之用使人追求物质，从而肤浅，无用之用对人的内心起重要作用，是精神层面的，使品格高尚，灵魂澄澈。

③ 无用之用如光芒璀璨的宝石，需要发掘的璞玉。

结论：摆正价值观，注重无用之用。

（缺少辩证两者关系，无论据。）

修改版：

总论点：不执著追求有用之用，更应知晓无用之用。

引入：庄子在《人世间》里提到："桂可食，故伐之，漆可用，故割之，人皆知有用之用，而莫知无用之用也。"树木能够成材，能够结果，人们就会去砍伐、利用，若树木没有这些功能，人们就认为树木无用，树木却恰恰因此保全了自己。

分论点：

① 有用之用是其使用价值，无用之用是其内在价值。无用之用的价值远大于有用之用。

② 有用之用使人追求物质，从而肤浅，无用之用对人的内心起重要作用，是精神层面的，使品格高尚，灵魂澄澈。

人们拍卖名画，往往因为其价值高，只注重其物质价值，不知其内涵、意境，要能真正欣赏名画，懂得作画之人的感受，欣赏名画之美，丰富自己的内在精神，才是无用之用。欣赏《向日葵》那燃烧的火焰，狂热的生命激情，从凡·高那简练的笔法里感受到生命的律动感和强烈的生命力，才是无用之用，而不应该是 2250 万英镑的拍卖价格。

③ 无用之用如光芒璀璨的宝石，需要发掘的璞玉。

论据:南京想借"城市危政"工程,将金陵古城夷为平地,殊不知名胜古迹是历史的传承,文化的体现,现代建筑虽然美观、先进,却少了内涵,人们需要懂得鉴别无用之用,保留老建筑,留住历史、文化。

辩证:现代社会中,人们从小就开始努力学习,"上知天文,下知地理",忙着学奥数,钢琴考级,只为在升学、升职时增加筹码,但步入社会,往往需要懂得为人处世之道,需要有道德感、责任感,一个知识丰富而毫无道德的人,他的才学也是无用的。

2. 作文片段修改法

片段修改法主要适用于作文全文整体较好,不存在审题立意和结构布局较为严重的问题,只是局部的说理单薄缺少深入探究,需要进一步充实,个别论据不足或不恰当,叙述例子太长,或对论据的分析与论点中心词关键词无关,或者局部详略不当等。在教师进行过作文讲评之后,学生根据各自问题进行局部的修改,使自己的作文更完善。

课例:阅读以下材料,自选角度,自拟题目,写一篇不少于800字的文章(不要写成诗歌)。孟子曰:"人有鸡犬放,则知求之,有放心而不知求。"(放:丢失,失去 求:寻求,寻找)

学生作文中存在的问题及修改示例:

例1:例子错误、例子叙述过长、例子不符合论点

在人生路途上遇到迷茫,放心而求,是对人性的一种根本的坚守,将人与只知不择手段得到猎物的兽之间划了一道无形之界。纵使无大名,无大功,也能作为一个堂堂正正的人矗立世间。狱中的左忠毅公何曾不迷茫过,一念之间,是生与死的区别,但他以坚定的毅力将心求回,宁求一死,也不向邪恶的朝廷屈服。坚守正义的底线,最终无憾于世留名青史。

点评:左忠毅公迷茫放心不符合事实,此例错误。

修改:近代画圣张大千曾为换取金钱而仿画,将心迷失在物欲之中,后来逐渐意识到自己的才能不应浪费在不入流之事上,他悔恨不已,痛改前非,终于开创了自己的独特画风,更在山水中求得了一颗赤子之心而流芳百世。

例2:叙述熟知的例子太长

一个只寻求物质的而不知寻心的人会失去生活的动力,从而在原地停滞不前,终究一事无成。比如著名文学作品《守财奴》中的主人公葛朗台便是这样一个唯"物"主义者,他整日守着那些固有的财物,哪怕是看着它们也感到高兴,这样一个守财奴只看重眼前的金银财宝,不顾更高层次的精神享受,这种弃精神、求物质的扭曲的追求是十分可怕的,瞧瞧这位主人公死前仍不忘财宝的模样,只能说过度的物欲消磨了他一生,这样的一事无成岂不令人感到悲凉?

修改:葛朗台只求金子,不知求心,丧失了人的本性,行尸走肉般活着,全然不知生命的真谛。

例3:扣论点中心词不够。

田园诗鼻祖陶渊明不愿被俗世限制心灵,为寻回初心,他毅然弃官归隐,饮酒采菊中找到了宁静致远的人生归宿,开拓出了与世无争,恬淡悠长,看透世俗而澄净的人生境界。

修改:田园诗鼻祖陶渊明身在官场发现自己心为形役,本心不再,便毅然辞官归隐,饮酒采菊中寻回了宁静致远的本心,从而开拓出了与世无争,恬淡悠长而看透世俗澄净的人生境界。

例4:说理太简单,语焉不详,需要补充原因分析。

然而,当物质基础逐渐稳固,吃饱穿暖已不再是问题之后,有些人渐渐丧失了"心"的支撑。

修改:究其原因,是因为人奔走于世俗喧嚣之中,物欲杂事琐碎麻木了人心,以为手中紧抓不放的那些身外之物即是他们应寻求的全部,时间久了,求"鸡犬"反倒成了要务,本心却置之不理了。

例5:论述烦冗。

生存始终是第一位的,古人遇饥荒旱情,为了生存竟然"易子而食"。没有生存质量,连基本的伦理人性都无法保持。而欧洲的贵族们,拥有良好的生存质量,因此更关注精神追求。列夫托尔斯泰农作时考虑到下层人民的疾苦,劳动的意义,而对于农民来说,他们只是在求物质保障,求生存罢了。

点评:作文材料中,求鸡犬毕竟不是重点,论述时点到即可,冗繁的论述删去即可,笔墨应用在论述求心上。

修改:而个人的发展毕竟也是两方面的,一是鸡犬关乎生存质量,固不可弃;二是对"心"的追求关乎生命质量,不可不求。维持一定的生存质量,是追求生命质量的前提,而唯有懂得追求生命质量,追寻人"心"才是实现个人价值的真正途径。

3. 全文修改法

全文修改一般针对作文问题较为严重的情况,如审题错误,偏题,层次混乱,立意肤浅空洞等,学生需要重新思考作文题目的立意,深入挖掘本质内涵,调整思路重新建构自己的整体框架,或梳理清楚层次以及层次之间的逻辑关系。

课例:根据以下材料,自选角度,自拟题目,写一篇不少于800字的文章(不要写成诗歌)。

我们总被鞭策:这个世界不会等你;但与此同时,又常听到"饭未煮熟,不能妄自一开;蛋未孵成,不能妄自一啄"的告诫。

世界不等你，你来等世界

我们总被鞭策，这个世界不会等你，然而当我们心急如焚地啄开未孵成的鸡蛋，终将造成无法挽回的后果而悔憾。

所有不合时宜的努力都将实现不了其最大的价值甚至付诸东流。过早、过晚都是不合时宜的，太过急躁便"欲速则不达"，在准备还未完全时便急于求成，终达不到自己期盼的效果；太过迟疑便会错过机会，那么之前的努力也随着机会的流逝而白费了。正如在锅中煎一块肉，心急在肉未熟时就起锅，囫囵咽下不仅没有肉的香味还可能引起不适；而担心肉没熟或是粗心没注意而煎得太久，肉焦了更使无法下咽。煎肉需要恰到好处的时宜，人生也是如此，过早过晚都会造成缺憾，甚至是无法挽回的后果。

世界往往不会等你，"逝者如斯夫，不舍昼夜"，逝去的每一分每一秒都不可能回头，更不可能静止于某一时刻只为等你做好准备。错过了这个时刻就是绝对地逝去了，即使下一个时刻你还有机会，但终究与上一个不同，而你错过的或许就是最佳机会。时间是不可控因素，没有一个人可以称心如意地掌控时间，但可控的是自己"出击"的时刻。心急选择了错误的时间便功亏一篑，迟疑错过了机会同样也是如此，因此我们必须等待那个恰到好处的时机。

康德潜心研究哲学，终于在十一年后"不鸣则已，一鸣惊人"，发表了自己的研究，取得了属于他的辉煌；而叔本华刚开始演讲他的哲学思想便急于与他人竞争，一场讲座只有三人，直到晚年他的讲座才座无虚席。过于急躁，在不恰当的时刻"出击"只能适得其反，而恰当的时刻或许就在不远之后，这时你所能做的就是等待。

既然世界不会等你,那就让自己来等待世界,等待那个恰到好处的时刻。越王勾践卧薪尝胆精心筹备九年,一举进击大败吴国;邓艾沉默细筹,厚积薄发,在最恰当的时机击败蜀国;莎士比亚十年在人间感悟悲欢,终谱写出世界文学史上最灿烂的篇章。在这等待的过程中,使自己做好充分全面的准备,成为"箭上之矢",蓄势待发。不要吝啬等待,只有等到最恰当的时机,才能得到最好的结果。

世界不等你,你来等世界。在最佳的时刻,绽放最美的花。

这位学生作文功底很好,但是审题立意写成了"何必等世界",与原材料的"等待饭熟"南辕北辙,所以全文重写,改成了一篇佳作。

(三) 尝试的成效和思考

整个作文修改教学的多样化方式实践过程中,收获颇多也思考良多,总结如下,以资日后不断改进完善。

成效之一:多样评价形式调动了学生的主动性和兴趣,尤其是学生互评环节,赋予了学生自主权,让学生学习自我认知,自我发现,以及互相监控,互相评价,让学生作为写作的主体凸显出来。学生在互相激发的过程中也能使个体思维走向全面,表达趋于完善,改变了作文一言堂和学生被动接受的教学弊病。

成效之二:有助于教师关注学生的写作经历,深入了解学生写作过程中的心理状态、思维能力、阅读积累等现实情况,立足学情,从对象特点出发制定切实可行的分项写作目标,及时调整课程内容,提高作文的合理性和效率。

成效之三:不同的情况采用不同的修改方式,因人而异,实现了写作教学的个性化。一贯存在偏题等审题立意问题的学生可以采用提纲修改法,较难的学生积累较少的作文题,可以采用集体修改法,写作水平相对较低,问题比较多的采用全文修改法。学生互评、论坛交流法能够激发学生的评价欲望,群策群力唤醒记忆库和思维潜意识里的储存。

成效之四:学生对作文的认识和写作水平有较大提高。根据高三问卷调查结果显示:从不修改作文的比例降低,84%的学生认为修改是对作文提高有一定帮助的,高于原来的73%,作文修改看重语言表达的比例降低,学生更重视审题立意和论据的使用两个方面,在作文修改的依据方面更理性地选择了高考作文评价标准和教师意见,单靠直觉的人数大大减少,作文修改遇到困难时也更愿意求助老师和同学,对网络的依赖降低,对教师和同学更为认可,说明他们认为身边的同学对作文的评价水平和修改能力也在一定程度上有了提升,在提高写作水平的方法上,除了公认的多阅读,多写作之外,高三学生还提出了多思考,多感悟,提升自我思维能力和境界等方法,可见学生对写作水平的提高方法有了更为清晰和全面的认识,也在一年的修改训练中有了更多体会和经验。

(高三(共计136人参加)问卷调查结果:

第1题:经常修改12人,较少修改114人,从不修改10人;

第2题:15人认为很大程度上能提高,99有一定提高,5不能提高,17人不确定

第3题:ABCD全选22人,包含A项的89人,B项86人,C项86人,D项83人。

第4题:AB都选55人,包含A项的82人,B项100人,C项37人,不会修改7人

第5题:ABCD全选的有8人,包含A项的54人,B项76

人,C 项 69 人,D 项 77 人

第 6 题:选 A 项的 97 人,B 项 51 人,C 项 51 人,D 项 5 人,选 E12 人,多为书本资料。

第 7 题:19 人选择打分,41 人选择纵向评价,57 人希望指出不足,选 D 项 50 人。

第 8 题:23 人作文素材,高考满分作文,一模二模优秀作文,作文素材 113 人

第 9 题:56 人认为很大,68 人认为一般,6 人认为没有,不确定的 6 人

第 10 题:57 人阅读书籍报纸杂志,15 人多读多写,20 人优秀作文范文分析,积累素材,多思考 9 人,审题训练 3 人,摘抄,提升自己的境界,多去感悟,逻辑思维训练。

思考之一:

理想的教师"对学生的作文,不但要解读得准确,而且要找到切实可行的办法,帮助他改进。"[3]教师精力有限,不可能每篇作文都进行个案面批,所以教师评语的作用就至关重要。教师必须具备相当的写作水平,把作文评语写得简明扼要又能为学生所理解、操作,从目前的教学现状来看,教师和学生之间并没有就作文批改环节实现有效沟通的情况难以避免,所以类似的研究以及相关对老师的专项培训就应该呼之欲出了。国外类似的课程最著名的大概要算吉姆斯·格林创立的海湾地区写作课教师为期五周的培训计划,值得我们借鉴。

思考之二:

日本的作文教学特别重视整合学生、教师、家长的力量,形成作文教学良好的环境。学生的作文完成以后,教师常常请求家长对孩子的作文予以评价。受日本此法的启示,我也

曾尝试让学生将作文带回去给家长评改,但是效果不甚理想。由于长期疏离于写作评价语境和整个氛围的缺失,学生并不信任自己的家长或并不愿将作文给家长批改,调查问卷中也显示了这一结果。那次实践,只有少数家长就作文存在的问题和如何修改进行了评价,在与家长事后交流时,我发现这位家长长期以来就非常注重培养孩子的阅读习惯,关注孩子的写作,可见社会集体参与作文评价的体系光靠教师的短期努力是很难实现的,又或许因为是高三学生学业繁忙难以推行,如果高一入校开始就建立家校作文联合评改模式,也许效果会比较好。

四、结语

两届高三,两次实践过程,非常感谢学生和家长们的认真参与,这固然是出于对语文成绩的渴望,但也是智慧和汗水的结晶,在作文不怎么招学生喜欢的情况下,他们一次次的修改还是非常令我感动的。付出总是会有收获的,与一年前的写作水平相比,他们的进步是显著的,这也是此次尝试令人欣慰之处。此外,也深感个人力量的微弱,倘若有更多的理论学习,有更多的同仁合作,也许会有更多收获。

参考文献

[1] 荣维东,朱建军.《国外作文教学实验结果综述》[J],《语文建设》,2009 −5(72 −73).

[2] 荣维东,朱建军.《国外作文教学实验结果综述》[J],《语文建设》,2009 −5(73).

[3] 孙绍振.《论高考语文与作文之道》[M],福建,海峡出版发行集团,

福建人民出版社,2014 - 10(273).

【附件】高中生作文修改情况调查问卷

① 你经常修改自己的作文吗?(　　　)

A. 经常　　　　B. 较少　　　　C. 从不

② 你认为作文修改能提高自己的写作水平吗?(　　　)

A. 很大程度上能提高　　　　B. 有一定提高

C. 不能提高　　　　D. 不确定

③ 你认为作文修改主要围绕哪几个方面进行?(　　　)
(可多选)

A. 审题立意　　　　B. 结构布局

C. 论据素材　　　　D. 语言表达

④ 你认为作文修改的主要依据是(　　　)(可多选)

A. 高考作文评价标准　　　　B. 老师意见

C. 个人直觉　　　　D. 不会修改

⑤ 你在作文写作或修改时会有哪些方面的困难(　　　)
(可多选)

A. 审题立意　　　　B. 缺少论据

C. 不会分析说理　　　　D. 语言表达欠佳

⑥ 你在作文写作或修改时如遇到困难,一般向谁求助
(　　　)(可多选)

A. 老师　B. 同学　C. 网络　D. 家长　E. 其他

⑦对作文写作或修改结果的教师的评价,你的期望是
(　　　)

A. 打分

B. 与以前纵向比较,过程性评价

C. 指出不足之处

D. 以上皆有

⑧ 你阅读过有关作文修改指导的书籍或论文吗?（　　）

A. 有（请写出一本）　　　　B. 没有

⑨ 你认为"佳作示范"对作文修改的帮助如何（　　）

A. 很大　　　　　　　　　　B. 一般

C. 没有　　　　　　　　　　D. 不确定

⑩ 除了作文修改之外,你认为提高写作水平的最佳方法是

————————

给予一束阳光,灿烂一片天空
——随班就读生写作指导案例分析

秦　萍

【背景】

初次接触她——六(3)班小胡,是在教师节那天的放学时分,个子不高,面容清秀的她,一边轻声道着"老师,这个送给你",一边递上手中的贺卡。略显羞涩的女孩啊,这是我对她最初的印象!

随着时间的推移,我与她的接触越来越多,她的习作中错别字比例高于普通学生、词汇贫乏、内容空洞、叙事不完整、篇幅显著少于普通学生。这样的她,从眼神中能看出她的困惑,她理解和反应迟缓,是一名随班就读生。

【写作指导活动】

一年一度的"生活的准则"主题征文活动开始了。生活的准则究竟是什么呢,如果让我来写这篇作文,能写些什么呢? 在布置学生作文之前我一直在这样不断地问我自己。

为了激发情感体验,我组织大家做了一项活动——帮助盲人。同学们分成两组,一组作为被助者(盲人),一组作为助人者。被助者蒙上眼睛,在助人者带领下,在教室里"闯荡世界"(规则是不可以说话交谈)。然后摘下蒙布,互相握手致谢。

活动中,大家兴致极高,小胡也参与其中。我首先安排小胡做被助者,活动后让她谈谈自己的感受,她表示如果没有同学的搀扶带领,蒙着的眼睛什么也看不见,不知要撞在哪里被撞疼,所以她十分感谢同学的帮助,并且也十分愿意做助人者帮助别人。当然我满足了她的愿望。

活动后我是这样总结的:在我们生活中,助人也是一种与人合作的关系,因此,同学们应该互相关爱,友好交往。让我们班级的每个同学都积极向上,团结进取,营造一个和谐、友爱、奋发向上的班级环境,我们每个同学在这个集体中都会感到温暖、安全,为这个集体感到自豪、骄傲!你们说是吗?小胡回答的最响亮。

写作指导后,小胡同学上交了一篇题为《玩得真高兴》的习作,虽然"音近而误"的错字不少,句式杂糅的病句较多,但她把活动过程较为完整地写下来了,而且写作内容与主题相关,习作篇幅与普通生相近,文字中又融入了自己的感悟:"我喜欢这样的作文课、我喜欢这样的班集体,生活的准则就是我们自己,我们玩得真高兴!"

【思考与分析】

虽然坐在同一间教室里,接受几乎完全一样的教育,但每位同学却都有着自己独有的个性与特点。学生差异是人类多样性的表现,是日常生活多姿多彩的前提。在作文教学中,我们理性的认识与利用它,就不难发现学生差异并不是作文教学的障碍物,而是蕴藏着丰富教育资源的宝库。

作文指导要让每一个学生都有进步和发展,要寻找一切机会,让学生有一个参与活动、施展才华的机会,以提高他们的积极性。只有这样,学生才能在体验中学会观察,才能从生活中获取素材,作文才有东西可写。

【对策与措施】

一、增进交流

面对这样特殊的学生,教师的写作指导首先要倾注耐心,拓展沟通渠道。

比如:课间询问她的爱好;请她协助老师完成一些事情;为班级的活动出点儿主意等等。我们还就两人的面对面交流专门设定了时间,为她设计作文指导中的相应内容和环节,使她想回答,能回答,会回答,令她在情感需求上获得满足,消除对其写作的畏惧感。

我尝试着有意无意地让小胡听见,我与别人谈论起她时,持有的是对她的肯定和喜爱的态度;在班级中,当众表扬她的优点,并不断鼓励她;与家长取得一致意见,建议家长多与小胡一同游戏,利用一些动作,如拥抱、拍手等方式,向她袒露自己内心对她的珍爱。渐渐地,我发现她脸上的笑容多了,也变得更乐于接受我们对她的提醒,愿意参加各种写作活动。

二、培育优势

写作指导中,教师采用微教学、个别辅导等方式,从小胡同学的朗读兴趣入手,努力把她的朗读能力,转化为对作文命题的理解领悟能力,辅导其用积累的词汇或短语进行写作,表达一定的思想感情。

她参加了在区随班就读学生写作比赛。那一天比赛回来,她把一包薯片塞到我的手里,"秦老师,给你吃。""嗯?""我有很多,吃不完的!"不待我推脱,她已经笑着回到了座位上。"春华烂漫,秋实丰厚",她荣获了中学组三等奖。

三、实践锻炼

鼓励她与伙伴交流。其实外面的世界很广阔,走出课堂,体验生活的滋味对随班就读生来说并不难。就我校来讲,运动会、社会实践活动、观摩高雅艺术、六一嘉年华游园活动、"闻鸡起舞迎曙色"古诗文元宵灯会等等,这些丰富多彩的活动可以激发学生的情绪体验,丰富学生行文阶段的内容。

随班就读生在与同伴的交流中,关注现实,才能激发出一定的情感动力,对写作各方面能力的训练会逐渐培养起信心。

【教育效果】

在这个信息发展迅速,宽松开放的环境中成长起来的孩子,即使是像小胡这般特殊的孩子,也都有着勇于张扬自我的意识一面。写作指导中,对于这些特殊的孩子需要投注更多关注,更要善于聆听他们的"心声",耐心地读懂他们,才能悟出专属于他的那一种"特殊"的爱和指导方式。

作文指导的课堂上,小胡又一次发言了,尽管声音不够响亮,但她的表现却远远胜出之前的任何一次,我又一次表扬了她的勇敢与坚持,这一次,她抬起头,灿烂地笑了……

教学贵在投入,一粒沙里看出一个世界,一朵花里有一座天堂,把无限放在我的手掌上,永恒在那一刻收藏。作文指导工作如同作画、赋诗,神、情、理、趣尽在其中,回味那难忘的朝朝暮暮,它激励着我踏上新的征途。

图书在版编目（CIP）数据

随教随想录:中学生"写作成长"教学设计系列化
研究团队论文集/孟琰玲主编.
—上海:上海三联书店,2018.
ISBN 978 - 7 - 5426 - 6267 - 5

Ⅰ.①随… Ⅱ.①孟… Ⅲ.①作文课—教学设计—中
学—文集 Ⅳ.①G633.342 - 53

中国版本图书馆 CIP 数据核字(2018)第 091007 号

随教随想录
——中学生"写作成长"教学设计系列化研究团队论文集

主　　编　孟琰玲

责任编辑　钱震华
装帧设计　汪要军

出版发行　上海三联书店
　　　　　(201199)中国上海市都市路 4855 号
印　　刷　江苏常熟东张印刷有限公司

版　　次　2018 年 8 月第 1 版
印　　次　2018 年 8 月第 1 次印刷
开　　本　640×960　1/16
字　　数　185 千字
印　　张　14.75
书　　号　ISBN 978 - 7 - 5426 - 6267 - 5/G · 1495
定　　价　58.00 元